ulmer

Shia Su

MILCH OHNE MUH & MÄH

Vegane Rezepte für Drinks, Barista-Alternativen & Joghurt aus regionalen Zutaten

INHALT

Hilfreiche Übersicht aller
Milchrezepte im Vergleich auf
Seite 122 und auch im Netz unter
www.ulmer.de/milch-ohne-muh

OHNE MUH UND MÄH

Wie genial ist es, dass es inzwischen überall zahlreiche Milchalternativen zu kaufen gibt, die alle einen besseren ökologischen Fußabdruck haben als tierische Milch? Wären da nur nicht immer die schwer recycelbare Verpackung und der Preis … Dabei ist es ganz einfach, preiswerte, frische vegane Milch selbst zu machen – regional, lecker und *noch* klimafreundlicher! Gewusst wie!

KLIMA SCHONEN

→ Sogar aus dem Getränkekarton – Stichwort Greenwashing[1] – ist pflanzliche Milch in jeder Hinsicht klimafreundlicher als Milch vom Tier – selbst, wenn diese vom Bauernhof nebenan stammt (mehr auf Seite 28). Selbstgemachte vegane Milch setzt aber noch eins drauf! Ein Blick auf die Zutatenliste zeigt schnell, dass Milch zu rund 90 % aus Wasser besteht. Allein durch Verwendung von Leitungswasser für die Zubereitung unseres eigenen Milchdrinks, sparen wir bereits rund 90 % der Emissionen aus dem Transport ein!

REGIONALITÄT

→ Viele Hersteller bemühen sich, ihre Zutaten regional zu beziehen, aber längst nicht alle geben an, woher ihre Zutaten stammen. So verwendet ein beliebter schwedischer Haferdrink-Hersteller zwar Hafer aus der Herstellungsregion, der fertige Drink muss aber aus Schweden importiert werden. Beim Selbermachen kannst du deine Milch oft regionaler gestalten. Vielleicht gibt es bei dir ja zufällig eine Getreidemühle in der Nähe, wo du dir gleich einen riesigen Papiersack deines Lieblingsgetreides sichern kannst? Oder du gehst im Herbst Haselnüsse sammeln.

Das bedeutet: Allein durch die Verwendung von Wasser aus deinem Wasserhahn zuhause wird die Milch sofort zu 90 % regional.

WISSEN, WAS DRIN IST

→ Wissen, was in unseren Lebensmitteln genau steckt, ist die Grundvoraussetzung, um die eigene Ernährung in die Hand zu nehmen. Allerdings verrät die Zutatenliste nicht immer alles.

Dir ist es wichtig, Gentechnik zu vermeiden? Das kann sich als schwieriger herausstellen als erwartet. Milch auf Getreidebasis wie beispielsweise die beliebte Hafermilch, aber auch Reis- oder Dinkelmilch, werden mit Hilfe von Enzymen (mehr zu Enzymen auf Seite 60) fermentiert.[2] Diese nicht deklarationspflichtigen Enzyme können unter Einsatz von gentechnisch veränderten Mikroorganismen produziert worden sein.[3]

Du musst oder willst auf Zucker achten? Gerade bei Hafer-, aber auch anderer Getreidemilch, steht oft „ohne Zuckerzusatz" auf der Verpackung. Allerdings ist dennoch Zucker enthalten, weil bei der Verarbeitung im Fermentationsprozess Stärke in Zucker umgewandelt wird. Und auch dieser Zucker kann deinen Insulinspiegel beeinflussen.

Wenn du deine eigene Pflanzenmilch machst, kannst du Zucker ganz vermeiden oder zu gentechnikfreien Enzymen greifen.

MÜLL MINIMIEREN

→ Vereinzelt gibt es zumindest Hafermilch in Mehrweg-Pfandflaschen zu kaufen. Die Standardverpackung bleiben aber Getränkekartons, die trotz des blumigen Öko-Marketings *de facto* schwer zu recyceln sind. Die tatsächliche Recyclingquote liegt gerade mal bei geschätzten 30 %.[4]

Selbst wenn du nicht die Möglichkeit hast, alle Zutaten für deine selbstgemachte vegane Milch unverpackt zu kaufen, sparst du eine Menge Müll ein. In einem Liter Hafermilch aus dem Laden stecken nämlich nur rund 100 Gramm Hafer. Mit einer 500g-Packung Haferflocken kannst du also fünf Liter Hafermilch machen – und zurück bleibt nur eine einzige plastikfreie, gut recycelbare Papierverpackung.

GELD SPAREN

→ Nicht zuletzt sparst du auch noch dicke Geld, wenn du selbst Hand anlegst. Leider sind pflanzliche Milchalternativen in Deutschland mit 19 % deutlich höher besteuert als Kuhmilch mit 7 %, was einer der Gründe ist, warum vegane Milchsorten teurer sind als ihre tierischen Gegenparts. Selbst wenn du zu relativ teuren Zutaten greifst (etwa für Barista-Hafermilch, Seite 84), wirst du am Ende weniger als die Hälfte für deine selbstgemachte Milch bezahlen, meistens sogar deutlich weniger.

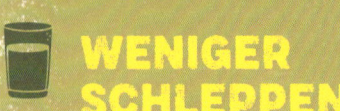

WENIGER SCHLEPPEN

Willst du für zehn Liter Hafermilch mehr als zehn Kilogram Gewicht nachhause tragen oder lieber weniger als anderthalb Kilogram Zutaten?

GUT ZU WISSEN:
DARF VEGANE MILCH SO HEISSEN?

Nach der EU-Verordnung 1308/2013 darf die Bezeichnung „Milch" nur für Lebensmittel verwendet werden, die aus einem Euter stammen:

> „Der Ausdruck ,**Milch**' ist ausschließlich dem durch ein- oder mehrmaliges **Melken** gewonnenen **Erzeugnis** der **normalen Eutersekretion**, **ohne** jeglichen **Zusatz** oder **Entzug**, vorbehalten."
> (EU-Verordnung 1308/2013, Anhang VII, Teil III, Abs. 1)[5]

Deswegen trägt im Geschäft deine Lieblings-Hafermilch auch die Bezeichnung „Haferdrink", und auf dem Soja-Joghurt steht „Soja Natur".

Diese EU-Verordnung bezieht sich allerdings nur auf Produkte, die innerhalb der EU *kommerziell* vertrieben werden und schreibt nicht den alltäglichen Sprachgebrauch vor. Du kannst also weiterhin dein selbstgemachte, milchige Nussflüssigkeit Nussmilch nennen – solange du nicht vorhast, sie innerhalb der EU zu vertreiben.

In diesem Buch werde ich die pflanzlichen Alternativen daher trotzdem oft „Milch" nennen. Zum einen, weil viele pflanzliche Milchsorten wie Mandel-, Soja- oder auch Kokosmilch jahrhundertelange Traditionen haben und in den jeweiligen Sprachen traditionell oft auch als Milch bezeichnet werden. Zum anderen verkaufe ich ja keine Milchgetränke und darf daher auch bei den im Alltag geläufigen Begriffen bleiben.

Dass man diese Tradition nicht einfach wegwischen kann, sieht die EU zumindest teilweise ein, weshalb „Kokos**milch**" weiterhin als „Kokosmilch", „Erdnuss**butter**" als „Erdnussbutter," und auch „Fleisch**käse**" als „Fleischkäse" verkauft werden dürfen, obwohl keines davon ein „Erzeugnis der normalen Eutersekretion" ist.

DER ANSPRUCH: REGIONAL, KLIMA- FREUNDLICH, LECKER

Leider ist das Ergebnis selbstgemachter Milchalternativen oft enttäuschend, gerade wenn es um die allseits beliebte Hafermilch geht. Die gekaufte Hafermilch ist der Liebling im Flat White, aber die selbstgemachte wird im heißen Kaffee plötzlich schleimig. Und schäumen will sie schon mal gar nicht.

Woran liegt das? Und vor allem: Wie mache ich leckere vegane Milch, die es mit vielen beliebten Sorten aus dem (ökologisch nicht so sinnvollen) Getränkekarton aufnehmen kann?

Hafer ist eine nachhaltige regionale Milchbasis!

2012 habe ich angefangen, meine Pflanzenmilch selbst herzustellen, als ich von meiner Cousine einen Sojamilchbereiter geschenkt bekam. Damals ging es mir gar nicht in erster Linie darum, Müll zu vermeiden (ich bin erst zwei Jahre später auf Zero Waste gekommen), sondern Geld zu sparen. Am Sojamilchbereiter habe ich zugegebenermaßen schnell das Interesse verloren, aber nicht am Experimentieren mit Rezepten für verschiedene Milchsorten.

Über die Jahre fing ich an, oft nicht nur *eine* Zutat als Hauptzutat meiner Milchsorten zu verwenden, sondern Zutaten zu kombinieren, um bestimmte Eigenschaften in Bezug auf Konsistenz und Geschmack herauszuarbeiten. So ist einer meiner Müsli-Favoriten über die Jahre Hanfsamen-Cashew-Milch gewesen.

Allerdings wirst du genau dieses Rezept *nicht* in diesem Buch finden! Denn hier möchte ich alles so regional wie möglich halten. Deshalb habe ich nicht einfach meine bewährten Lieblingsrezepte für dich zusammengestellt, sondern die Regionalität zum Anlass genommen, Rezepte weiterzuentwickeln, gekaufte Milchsorten nachzubauen und mit neuen Zutaten wie Lecithin und Methoden wie Enzymfermentation zu experimentieren.

So benutzt du das Buch

Die Milchrezepte habe ich nach Aufwand und Schwierigkeit aufgeteilt. **Level 1 ist das Azubi-Level,** wo ich dir zeigen möchte, wie du unkomplizierte vegane Milch für dein Müsli oder den Kuchenteig in unter zwei Minuten machen kannst – ganz ohne Schnickschnack. Bei den **Level-2-Profi-Rezepten** musst du dann schon mal den Herd anschmeißen, ungewöhnlichere Zutaten besorgen oder die Temperatur überprüfen. **Level 3 ist für die Legends (und Kaffeebegeisterten) unter euch.** Für die Perfektionist:innen, die Milchschaum wollen, der auch nach den ganzen Umdrehungen an der Gastro-Milchdüse das Krönchen noch aufhat.

Auf den Seiten 122 und 123 findest du eine Übersicht aller Milchrezepte, so dass du Rezepte nach Unverträglichkeiten (glutenfrei, sojafrei, nussfrei) oder Verwendungszweck (Kaffee, Milchschaum, Backen, Kochen) suchen kannst. Wenn du keine Enzymlösung oder Lecithin verwenden möchtest, kannst du ebenfalls die Übersicht zu Rate ziehen. Ich habe mich bemüht, für alle Anwendungen und Anspruchsniveaus soja-, nuss- und glutenfreie Alternativen zur Verfügung zu stellen.

Ich möchte dich aber auch ermutigen, die Rezepte nach deinen Vorlieben anzupassen oder sogar selbst zu experimentieren! Auf Seite 12–27 erfährst du mehr zu den Tricks der Industrie, den Zutaten und wie sie sich in Pflanzenmilch auswirken. Außerdem erhältst du Infos, die dir hoffentlich Frust ersparen.

Und damit es nicht zu langweilig wird, habe ich noch Joghurt, Kochsahne und ein paar andere meiner Lieblingsrezepte wie Chili-Mayo oder Kondensmilch für dich ins Buch aufgenommen.

DIE ÜBERSICHT GIBT'S AUCH FÜRS SMARTPHONE ODER ZUM AUSDRUCKEN UNTER WWW.ULMER.DE/MILCH-OHNE-MUH

DIE TRICKS DER INDUSTRIE

Du wirst wahrscheinlich schon festgestellt haben, dass gekaufte pflanzliche Milch selbst bei gleicher Sorte je nach Marke sehr unterschiedlich schmeckt, obwohl die Zutatenliste fast identisch ist. Das liegt maßgeblich daran, wie die Zutaten im Herstellungsprozess verarbeitet werden. Denn dadurch wird nicht nur die Konsistenz beeinflusst, sondern auch, wie stark der Eigengeschmack der Zutaten durchkommt.

Im Vergleich dazu schmeckt selbstgemachte vegane Milch nach den meisten im Internet verbreiteten Rezepten in der Regel deutlich intensiver nach ihrer Basiszutat: Reismilch nach gekochtem Reis, Hafermilch nach Haferbrei und Nussmilch nach der jeweiligen Nuss. Und das ist oft durchaus gewollt! Denn einer der Hauptgründe, warum Menschen ihre Milch selbst herstellen, ist, sie möglichst naturbelassen und unverarbeitet genießen zu können.

Es gibt aber auch Möglichkeiten, den Geschmack neutraler zu gestalten. Mit diesem Buch möchte ich dir das Wissen und die Werkzeuge dafür an die Hand geben. Ob naturbelassener oder genau wie die Milchalternative deiner Lieblingsmarke – du entscheidest!

Enzyme

Bei industriell hergestellten Milchsorten, die vor allem auf Getreide wie Hafer, Reis oder Dinkel basieren, werden während des Verarbeitungsprozesses Enzyme zugesetzt, die die Stärkeketten aufspalten. Das sorgt zum einen dafür, dass gekaufte Getreidemilch wie Hafer- oder Dinkelmilch auch beim Erhitzen nicht eindickt. Zum anderen verändern die Enzyme auch den Geschmack. Hast du dich schon mal gewundert, warum gekaufte Hafermilch trotz der Aufschrift „ohne Zuckerzusatz" trotzdem süßlich schmeckt? Genau: Das liegt daran, dass die Enzyme die Stärkeketten unter anderem auch in Zucker aufspalten.

Keine Angst, die Enzyme – genauer gesagt Amylasen – sind keineswegs schädlich (Seite 60). Amylasen kommen natürlicherweise zum Beispiel in unserem Speichel vor. Sie kommen auch beim Bierbrauen durch die Zugabe von Malz zum Einsatz und können unter anderem online in Brauereibedarfs-Shops als Lösung gekauft werden. In diesem Buch kommen bei einigen Level-2- und Level-3-Rezepten ebenfalls Enzyme zum Einsatz; sowohl als Enzymlösung als auch im Backmalz, worin sie natürlicherweise vorkommen.

Auswahl und Verarbeitung der Zutaten

Auch Auswahl und Verarbeitung der Zutaten haben einen großen Einfluss auf den Geschmack. Sojamilch aus geschälten Sojabohnen schmeckt milder. Wird Sojamilch bei der Verarbeitung länger gekocht, verliert sie nochmals etwas an Eigengeschmack. Wird bei Nüssen die Haut mitverarbeitet, ist nicht nur die Farbe der Nussmilch dunkler, sondern sie schmeckt auch nussiger und intensiver. Wenn die Zutaten getoastet oder geröstet wurden, wird auch die daraus hergestellte Milch einen deutlich stärkeren Eigengeschmack der Zutaten aufweisen.

Wer den Kaffee zu Hause selbst mahlt, kennt das Phänomen: Luftdicht und dunkel aufbewahrt und dann frisch gemahlen ist der Kaffee aromatischer und geschmacksintensiver. Wenn du den Eigengeschmack deiner Milchbasis reduzieren möchtest, kannst du stattdessen zu im Vorfeld bereits zerkleinerten Zutaten (zum Beispiel gehackt, gehobel oder gemahlen) greifen.

Zusatzstoffe

Bio-Alternativen halten sich meistens bei den Zusatzstoffen zurück, während konventionelle oft solche enthalten, die Konsistenz, Geschmack und auch Schäumbarkeit verbessern sollen. Bei den Barista-Versionen kommen oft noch Säureregulatoren dazu. Denn je nach Kaffeebohne und Röstung kann ein Kaffee mehr oder auch weniger Säure enthalten und viele Milchsorten flocken bei Säure aus. Das ist völlig unbedenklich und kommt auch bei Kuhmilch vor, sieht aber unschön aus und schmeckt auch nicht so cremig.

Auch wir können Zutaten einsetzen, die verschiedene Eigenschaften unserer selbstgemachten Milch verbessern. Als Stabilisator und für die Konsistenz greife ich beispielsweise auf Hafer für Milch und auf Kartoffel- oder Maisstärke für Joghurt zurück. Als Emulgator habe ich mit Sojabohnen gute Ergebnisse erzielt, setze aber bei Barista-Versionen auch Soja- und Sonnenblumenkernlecithin (werden als Nahrungsergänzung unter anderem für die Stärkung von Nervenzellen verkauft) ein. Sojabohnen und auch Lecithin sorgen für eine bessere Schäumbarkeit und ein cremigeres Mundgefühl. Für Leser:innen, die das nicht möchten, biete ich Alternativen an, bei denen beispielsweise für eine bessere Schäumbarkeit Dinkel verwendet wird.

DIE ZUTATEN VERSTEHEN

Ein besseres Verständnis der Zutaten, mit denen du arbeitest, hilft, das Beste aus ihnen herauszuholen.

Die Milchbasis

Die Milchbasis ist die Hauptzutat deiner Milch. In diesem Buch werden wir oft auch Hauptzutaten kombinieren. Denn verschiedene Zutaten haben unterschiedliche Geschmacksprofile und Eigenschaften in Sachen Konsistenz, Bindung, Cremigkeit und Ähnliches.

Hafer

Hafer gilt als regionales Superfood, also als ein Lebensmittel, das besonders reich an Nährstoffen ist. Er enthält viele B-Vitamine, für ein Getreide recht viel Eiweiß und viele ungesättigte Fettsäuren. Hafer ist von Natur aus glutenfrei, wird aber oft in Produktionsstätten verarbeitet, wo auch glutenhaltiges Getreide verarbeitet wird. Wenn du eine Glutenunverträglichkeit hast, solltest du also Hafer kaufen, der explizit als glutenfrei deklariert ist.

Für Hafermilch muss in den meisten Fällen der Hafer mit Enzymen fermentiert werden (Seite 60). Die Enzyme spalten die langen Stärkeketten des Hafers auf, sodass die Hafermilch nicht mehr von allein eindickt und auch leicht süßlich schmeckt.

Dinkel

Dinkel ist eine alte, robustere Sorte des Weizens. Er enthält im Vergleich zu Weizen mehr Eiweiß, Magnesium, Zink und Eisen. Außerdem ist das in Dinkel enthaltene Gluten oft auch für glutensensitive Menschen besser bekömmlich.[6] Es ist kein Problem, regional angebauten Bio-Dinkel zu bekommen.

Als Milchbasis *muss* Dinkel mit Enzymen fermentiert werden (Seite 60), weil das Ergebnis sonst entweder nach Mehlwasser oder Brei schmeckt. Dabei kann bei unzureichender Fermentation ein etwas teigiger Geschmack zurückbleiben. Da Dinkelmilch sehr gut schäumt, kann durch die Zugabe von Dinkel eine Barista-Milch hergestellt werden (Seite 68). Leider flockt reine Dinkelmilch selbst in sehr säurearmen Kaffees sofort aus und kann, auch wenn sie ausreichend fermentiert ist, dem Kaffee eine leichte teigige Geschmacksnote geben.

Buchweizen

Als Pseudogetreide – eigentlich eine Nuss und kein Getreide – enthält Buchweizen kein Gluten, dafür hochwertiges Eiweiß, B-Vitamine und wichtige Mineralstoffe wie unter anderem Magnesium, Eisen und Zink. Leider stammt der Großteil des bei uns verkauften Buchweizens aus China, der Tschechischen Republik oder Ungarn. Es ist aber möglich, Bio-Buchweizen aus Deutschland, Österreich oder der Schweiz zu bekommen.[7]

Achte darauf, am besten geschälten Buchweizen zu kaufen, denn der rote Farbstoff in der Schale kann die Haut lichtempfindlicher machen. Wenn du nur Buchweizen mit Schale bekommst, solltest du ihn gründlich waschen.[8] **Achtung Nussallergiker:innen:** Als Nuss ist Buchweizen auch ein Allergen.

Als Milchbasis schmeckt Buchweizenmilch leicht nussig und getreidig und dickt ohne den Einsatz von Enzymen nur leicht ein. Mit Enzymen fermentierte Buchweizenmilch kann ein wenig aufgeschäumt werden.

Hirse

Das glutenfreie Pseudogetreide ist ein super Reisersatz. Es enthält B-Vitamine, Eisen und biologisch hochwertiges Protein.[9] Der Großteil der bei uns verkauften Hirse stammt leider aus China, aber es ist durchaus möglich, regionale Bio-Hirse zu bekommen.[10] Hirse ist übrigens ziemlich trockenheitstolerant und wärmeliebend – das könnte mit zunehmendem Klimawandel zu mehr Hirseanbau führen.[11]

Als Milchbasis *muss* Hirse mit Enzymen fermentiert werden (Seite 60), sonst schmeckt das Ergebnis nach Brei und kein bisschen nach Milch. Hirsemilch ist Reismilch sehr ähnlich, also etwas wässriger und zurückhaltender im Geschmack.

Hanfsamen

Diese sehr alte, robuste und anspruchslose Nutz-
pflanze darf in Deutschland, Österreich und
der Schweiz unter strengen Kontrol-
len wieder angebaut werden.[12]

Wie auch Hafer gelten Hanfsamen als regionales Su-
perfood, denn Hanfsamen
enthalten hochwertige
Fette wie Omega-3-Fett-
säure und α-Linolensäu-
re. Dazu sind sie reich an
B-Vitaminen, Vitamin E und
Mineralstoffen wie Calcium,
Magnesium und Eisen. Außerdem
sind sie gut verdaulich, haben einen
sehr hohen Eiweißanteil und enthalten alle
essenziellen Aminosäuren.[13]

Als Milchbasis können sowohl geschälte als auch
die günstigeren ungeschälten Hanfsamen verwendet werden. Hanfsamenmilch ist etwas dünnflüssiger und wässriger. Durch den leicht würzigen
Eigengeschmack eignet sich Hanfsamenmilch
oder -kochsahne etwas besser für Deftiges. Da
Hanfsamenmilch sich bereits nach wenigen Minuten trennt, rate ich dazu, sie mit etwas Hafer zu
binden (Seite 44).

Sonnenblumenkerne

Sonnenblumenkerne sind ein weiteres regionales
Superfood, reich an Nährstoffen wie Proteinen, gesunden ungesättigten Fettsäuren, Ballaststoffen,
B-Vitaminen, Vitamin E und Mineralstoffen wie
Magnesium und Kalium.[14] Viele Sonnenblumenkerne in den Ladenregalen stammen aus benach-
barten europäischen Ländern.

Als alleinige Milchbasis sind Sonnenblumenkerne weniger geeignet, weil sich die Milch trotz des
darin natürlicherweise vorkommenden Lecithins
schon nach wenigen Minuten trennt. Das kann
aber durch den Einsatz von Hafer als Bindemittel
deutlich verbessert werden. Reine Sonnenblumen-
kernmilch schmeckt sehr deutlich nach Sonnenblumenkernen. Mit anderen Zutaten gemischt
kann aber eine recht neutral schmeckende Milch
entstehen (Seite 82 und 86).

Kürbiskerne

Am nachhaltigsten ist es, wenn du Kürbiskerne
aus deinem für den Verzehr gekauften, in deiner
Nähe angebauten Kürbis verwendest. Dazu rös-
test du die Kerne mit Gehäuse im Backofen und
knackst sie im Anschluss. Das ist allerdings mit etwas Arbeit verbunden und die Kerne
sind auch nicht ganz so groß und
schön wie die gekauften Kürbiskerne. Das liegt daran, dass gekaufte Kürbiskerne von speziellen Ölkürbissen
stammen, bei denen allerdings das
Fruchtfleisch als Abfallprodukt auf
dem Feld zurückbleibt.

Kürbiskerne sind ein weiteres regionales Superfood, denn sie stecken voller wertvoller Mineralien wie Eisen, Selen, Zink und enthalten die Vitamine A, C, D, E sowie B-Vitamine. Außerdem sollen sie sich positiv auf den Blutzuckerspiegel auswirken und den Cholesterinspiegel normalisieren.[15]

Kürbiskernmilch ist etwas dünnflüssiger und wässriger und der deutliche Eigengeschmack passt eher zu Deftigem als Süßem. Das macht aber Kochsahne aus Kürbiskernen (mein persönlicher Favorit) zu einer wunderbaren Basis für Sahnesoßen.

Haselnüsse

Leider benötigen Mandelbäume ein mediterranes Klima. Wie wäre es stattdessen mit Haselnussmilch? Haselnüsse haben einen hohen Fettanteil mit gesunden, ungesättigten Fettsäuren und im Vergleich zu anderen Nüssen einen recht hohen Gehalt an Vitamin E. Sie enthalten aber auch B-Vitamine und Mineralstoffe wie Kalzium, Magnesium, Eisen und Zink.[16]

Allerdings ist es nicht immer einfach, regional angebaute Haselnüsse zu kaufen. Die meisten Bio-Haselnüsse kommen aus der Türkei, Aserbaidschan, Spanien und Italien. Obwohl die Nachfrage nach heimischen Nüssen generell steigt, fehlt schlichtweg die Infrastruktur wie beispielsweise Knackanlagen.[17]

Zum Glück stehen aber viele Haselnussbäume und auch -sträucher

in Parks und Wäldern. Im Herbst kannst du sie kostenlos sammeln. Regionaler geht es nicht!

Haselnüsse lassen sich äußerst unkompliziert zu sehr schmackhafter Pflanzenmilch verarbeiten.

TIPP

Auf **mundraub.org** kannst du nicht nur nachschauen, wo du in deiner Gegend Nüsse sammeln kannst, sondern auch Obstbäume und Kräuter finden. Geh aber bitte behutsam und verantwortungsvoll vor!

Walnüsse

Obwohl Walnussbäume robust sind, hier wunderbar gedeihen und die Nachfrage nach heimischen Walnüssen wächst, stammen die meisten Walnüsse hier im Handel aus den USA, Frankreich oder der Republik Moldau.[18] Regionale Walnüsse in der Schale kannst du aber oft in kleinen Bioläden, Unverpackt-Läden und auch auf Wochenmärkten bekommen. Wie auch Haselnüsse kannst du sie im Herbst auch sammeln gehen.

Diese gesunde Nuss enthält sehr viele ungesättigte Fettsäuren und versorgt uns außerdem mit Vitamin E, B-Vitaminen und Mineralien wie Kalium, Zink, Magnesium, Eisen und Kalzium.[19]

Als Milchbasis ist sie nicht ganz so ideal wie die Haselnuss. Die Milch wird leicht bräunlich und setzt sich recht schnell ab, vor allem im Kaffee. Dadurch ist die Optik leider nicht so schön. Aufschäumen lässt sie sich gar nicht. In einigen Kaffeesorten ist sie lecker, in anderen schmeckt sie gar nicht. Wenn dich das nicht stört und du vor allem damit backen und kochen oder sie für dein Müsli oder deinen Kakao verwenden möchtest, könnte sie deine neue Lieblingsmilch werden!

Soja

Diese eiweißgeladene Hülsenfrucht hat den Ruf, ein Klimakiller zu sein. Hintergrundinformationen dazu findest du im Feature auf Seite 54. Hier sei nur zusammenfassend gesagt, dass das *nicht* auf Sojabohnen aus der EU zutrifft.

Die gelbe Bohne kann auch mit ihren inneren Werten punkten – aber nicht uneingeschränkt. Sie besteht zu über einem Drittel aus Eiweiß, versorgt uns mit B-Vitaminen und Mineralstoffen wie Magnesium und Eisen. Allerdings enthält sie auch Isoflavone, einen Pflanzenstoff, der dem weiblichen Geschlechtshormon Östrogen ähnelt und daher im Körper hormonartige Wirkungen entfalten könnte. Wer außerdem gegen Birkenpollen allergisch ist, kann auch allergisch auf Sojaeiweiß reagieren.[20]

Für Milchersatz ist Soja fast perfekt. Als einzige pflanzliche Zutat enthält sie von Natur aus genug Emulgatoren, wodurch sich dein Milchgetränk wie auch Kuhmilch nicht von allein trennt und sich aufschäumen lässt. Der in Soja enthaltene Emulgator ist Lecithin (siehe Seite 22), den wir deshalb bei den meisten sojafreien Barista-Alternativen hinzufügen.

Außerdem ist Sojamilch die einzige pflanzliche Joghurtbasis, die wie Kuhmilch durch die Fermentation mit Milchsäurebakterien natürlicherweise eindickt (Seite 90).

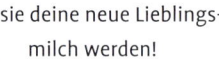

Süßungsmittel

Da Kuhmilch knapp fünf Gramm Milchzucker – das entspricht rund anderthalb Stücke Würfelzucker – pro 100 Milliliter enthält, erwarten wir von tierfreier Milch oft einen vergleichbaren süßen Geschmack.

Pflanzliche Milch enthält aber ohne den Einsatz von Enzymen von Natur aus so gut wie keinen Zucker. Wenn du Zucker reduzieren oder ganz weglassen möchtest, ist das natürlich perfekt. Wenn du aber den dezent süßen Geschmack imitieren möchtest, brauchst du ein Süßungsmittel. Regionale Alternativen wie Apfel- und Birnendicksaft, getrocknete Aprikosen oder Pflaumen bringen leider alle eine im Milchdrink wahrnehmbare Säure mit. Das passt zwar geschmacklich gut zu Joghurt, aber nicht so gut zum Milchersatz. Vor allem nicht, wenn er in den Kaffee soll. Zuckerrübensirup bringt keine Säure mit, hat aber wiederum einen starken Eigengeschmack, den nicht alle mögen.

Einzig raffinierter Rübenzucker hat sich geschmacklich behauptet –leider das *ungesündeste* regionale Süßungsmittel. Deswegen kommt er nicht nur sparsam, sondern auch optional zum Einsatz. Statt umgerechnet elf bis sechzehn Stücke Würfelzucker pro Liter wie bei Kuhmilch kommst du bei meinen Rezepten auf maximal fünf bis sieben Stücke pro einen Liter – und die sind optional.

Salz

Eine Prise Salz in süßen Speisen lässt die Süße intensiver erscheinen. Ich verwende Steinsalz (aus Deutschland oder Österreich) statt Meersalz, das tendenziell stärker mit Mikroplastik belastet ist.[21]

Stabilisatoren und Verdickungsmittel

Stabilisatoren sorgen dafür, dass die Milch sich nicht (so schnell) trennt oder absetzt. Als regionalen Stabilisator setze ich bei Milch Hafer sein, der dafür sorgt, dass die kleinen Teilchen nicht nach unten sinken. Bei Joghurt setze ich auf **Kartoffel- oder Maisstärke** als Verdickungsmittel, denn nur Joghurts aus Soja- und Kuhmilch dicken beim Fermentieren von Natur aus ein.

Damit verzichte ich in diesem Buch bewusst auf **Agar-Agar, Johannisbrotkernmehl, Guakernmehl** oder **Tapiokastärke**, da sie alle nicht regional sind.

Lecithin

Lecithine sind Emulgatoren, die dabei helfen, dass sich die Fett- und Wasserbestandteile in der Milch nicht trennen. Das ist besonders wichtig, damit die Milch sich auch gut aufschäumen lässt. Die Milch schmeckt durch Emulgatoren außerdem vollmundiger und cremiger, was gerade im Kaffee einen großen Unterschied macht (Seite 74).

Keine Angst, Lecithine kommen natürlicherweise unter anderem in Soja und Sonnenblumenkernen vor und werden in Reformhäusern und Drogerien als Nahrungsergänzungsmittel zur Unterstützung der Hirn- und Nervenzellen und des Gewebes verkauft.

Enzyme

Industriell hergestellte Milchsorten aus Getreide wie beispielsweise Hafermilch werden bei der Herstellung mit Enzymen fermentiert, damit sie nicht dickflüssig werden und wie Brei schmecken. Dabei handelt es sich um unbedenkliche Amylasen, die natürlicherweise unter anderem in unserem Verdauungssystem vorkommen und uns helfen, Nahrung zu zerlegen. Sie spalten Stärkemoleküle auf, wobei auch Zucker entsteht, daher schmeckt die fermentierte Milch auch ohne Zuckerzusatz süß.

Wir wagen uns in diesem Buch ebenfalls an die Enzymfermentation – mit Enzymlösungen aus dem Brauereibedarf, aber auch mit enzymaktivem Bio-Backmalz aus dem Bioladen (Seite 60).

Sonnenblumenöl

Hauptzutaten wie Getreide enthalten nicht viel Fett und ergeben daher eine sehr fettarme und eher wässrige als cremige Milch. Aber auch bei Milch aus Nüssen oder Kernen, die natürlicherweise relativ viel (gesundes) Fett enthalten, kann die Zugabe von Öl für einen cremigeren Geschmack sorgen. Ich verwende in allen Rezepten ausschließlich geschmacksneutrales Bio-Sonnenblumenöl, denn darin sind von Natur aus Lecithine enthalten. Rapsöl ist aber ebenso möglich.

POTENTIELLE FALLSTRICKE

Ich habe ausgiebig experimentiert, damit du dir Frust ersparen kannst.

Lupinen

Lupinenmilch ist ein neuer Trend. Die Lupine ist eine tolle regionale Hülsenfrucht, die beim Anbau sogar den Boden aufwertet. Sie wird in veganen Ersatzprodukten gerne statt Soja als Eiweißlieferant eingesetzt. Nur schade, dass selbstgemachte Lupinenmilch nicht milchig wird und eher an Tee erinnert. Meiner Einschätzung nach ist die Lupine auch nicht in Kombination mit anderen Zutaten geeignet. Industriell hergestellte Lupinenmilch wird auch nicht aus der ganzen Lupine, sondern aus dem isolierten Lupineneiweiß hergestellt.

Platterbsen

Die Platterbse ist quasi die regionale Kichererbse. Die Konsistenz ist allerdings für Milchdrinks schwierig zu handhaben und der Eigengeschmack passt oft nicht gut zu Getränken und Gerichten, in denen Milchalternativen oder Milch-Alternativprodukte zum Einsatz kommen. Bei meinen Experimenten gab es immer wieder Probleme, Platterbsenmilch mit Joghurtkulturen zu fermentieren.

Erbse

Für ein milchähnliches Ergebnis *muss* die Erbsenmilch mit Enzymen fermentiert werden. Mir ist es allerdings nicht gelungen, den Eigengeschmack der Erbse ausreichend zu neutralisieren, sodass sie im Kaffee weder ungewollte Geschmacksnoten (Pilze) entwickelt noch das Getränk zu stark nach Erbse schmeckt. Im Kakao fallen diese Geschmacksnoten aber nicht besonders auf.

Erbsenmilch schäumt sehr gut, allerdings ist der Schaum schwierig für Latte-Art. Wenn dir gekaufte Barista-Erbsenmilch geschmacklich aber gefällt und du damit keine Kunstwerke gießen möchtest, könnte Erbse als Milchbasis doch etwas für dich sein. In dem Fall empfehle ich die Verwendung von gelben Erbsen, die du im Mixer so gut wie möglich pulverisierst und dann in einem Glas unbedeckt einige Tage stehen lässt, damit der Eigengeschmack abnimmt.

Sonnenblumenkerne

Als einzige Hauptzutat sind die Kerne schwierig, weil die Milch sich sehr schnell trennt, wobei sich nicht wie sonst üblich eine Schicht unten absetzt, sondern oben schwimmt.

Walnüsse

Milch mit Walnüssen als Zutat und Kaffee vertragen sich von der Konsistenz her leider nicht so gut, weil sich Walnussmilch sehr schnell trennt und das eher unschön aussieht. Walnussmilch schäumt außerdem überhaupt nicht und auch der Eigengeschmack verträgt sich nicht mit jeder Kaffeebohne. Das gilt nicht nur für reine Walnussmilch, sondern auch für Walnüsse als Nebenzutat. Leider helfen Lecithin und Stabilisatoren wie Hafer hier nur bedingt.

Emmer und Gerste

Sowohl Emmer- als auch Gerstenmilch behalten auch mit Enzymen fermentiert ihren Getreide-brei-Charakter und erinnern leider gar nicht an Milch.

Wichtig für deine eigenen Rezepte

In diesem Buch findest du auch Grundrezepte (Seite 40, 58, 76), auf deren Grundlage du deine eigene Lieblingsmilch entwickeln kannst. Ich würde dir allerdings ans Herz legen, dich erst mit den anderen Rezepten vertraut zu machen, bevor du dich ins Experimentieren stürzt.

Enzyme sind manchmal unerlässlich

Getreide- bzw. **Pseudogetreidemilch** – egal ob Hafer-, Dinkel-, Hirse- oder Einkornmilch – *muss* fast immer mit Enzymen fermentiert werden (Seite 60). Denn wenn du die Milch bei der Zubereitung nicht erhitzt, schmeckt sie nach Stärke oder Mehl, was bei Hafer noch ganz gut tolerierbar ist, aber bei Dinkel oder Buchweizen an rohen Teig erinnert. Wenn du sie aber erwärmst, dickt sie ein und schmeckt mehr nach Brei als nach Milch. Einzige Ausnahme: Der Geschmack der ungekochten Hafermilch ist für viele trotz des (eher leichten) Stärkegeschmacks ganz okay und eignet sich in dieser Form sehr gut als Backzutat.

Regionale, gesunde Süßungsmittel sind schwierig

Regionale Süßungsmittel wie **Apfel- und Birnen-dicksaft, getrocknete regionale Früchte wie Apfelscheiben, getrocknete Aprikosen oder Pflaumen** bringen leider alle etwas Säure mit, die sich geschmacklich nicht immer mit der Milch verträgt; vor allem, wenn sie im Kaffee landen soll. **Zuckerrübensirup** hat das Säureproblem nicht, ist aber sehr dominant im Geschmack und verfärbt die Milch dunkel.

Keine regionale Schlagsahne

Ein Rezept für **Schlagsahne** wirst du in diesem Buch leider nicht finden, denn dafür sind bei Zimmertemperatur feste Fette nötig – und es gibt leider keine regionalen Pflanzenfette mit natürlicher Festigkeit. Ich habe mit Aquafaba (Einkochwasser von Kichererbsen, die man mit etwas Aufwand direkt von Anbauhöfen aus Deutschland beziehen kann) und verschiedenen, allerdings komplett unregionalen Stabilisatoren experimentiert. Ich konnte zwar leckere Ergebnisse erzielen, aber keine, die mit leichter, luftiger Schlagsahne vergleichbar gewesen wären.

Aber auch ohne (regionale) Schlagsahne schmeckt dieser
Trester-Kuchen (mehr zu Trester ab Seite 100) sehr lecker!

FEATURE

WELCHE MILCH IST AM KLIMAFREUND-LICHSTEN?

Wusstest du, dass die Kuhmilchindustrie jährlich für genauso viele Treibhausgasemissionen verantwortlich ist, wie alle Flugzeuge der Welt zusammengenommen?[22]

Pflanzliche Milch punktet auf allen Ebenen

Die Lösung ist einfach: Tierische Milch gegen pflanzliche Milch austauschen! Denn sogar die ökologisch problematischsten und wegen des Wasserverbrauchs viel kritisierten veganen Milchsorten wie Reis- und Mandelmilch schneiden drastisch besser ab als Kuhmilch.

Wenn wir das gebeutelte Klima zumindest entlasten wollen, ist es also grundsätzlich richtig, zu einem pflanzlichen Milchdrink zu greifen – findet auch die Verbraucherzentrale NRW.[24]

Die Siegerinnen: Hafer- und Sojamilch

Bei uns in den deutschsprachigen Ländern wird viel Hafer angebaut. Der Hafer in den hier verkauften Haferdrinks stammt auch meistens aus heimischem Anbau oder zumindest aus Europa.[25]

Hafermilch überzeugt aber auch qualitativ. Bei Ökotest wurden darin weder Glyphosat, Gentechnik oder Schwermetalle wie Nickel nachgewiesen.[26] Aber Achtung: Bei Hafermilch – und auch andere Milchsorten, die auf Getreide basieren – steht oft „ohne Zuckerzusatz". Das bedeutet allerdings nicht, dass die Produkte keinen oder wenig Zucker enthalten. Der Getreidedrink wird nämlich bei der Herstellung ähnlich wie auch Bier mit Enzymen fermentiert (Seite 12/13 und 60) und dabei entsteht natürlicherweise Zucker.

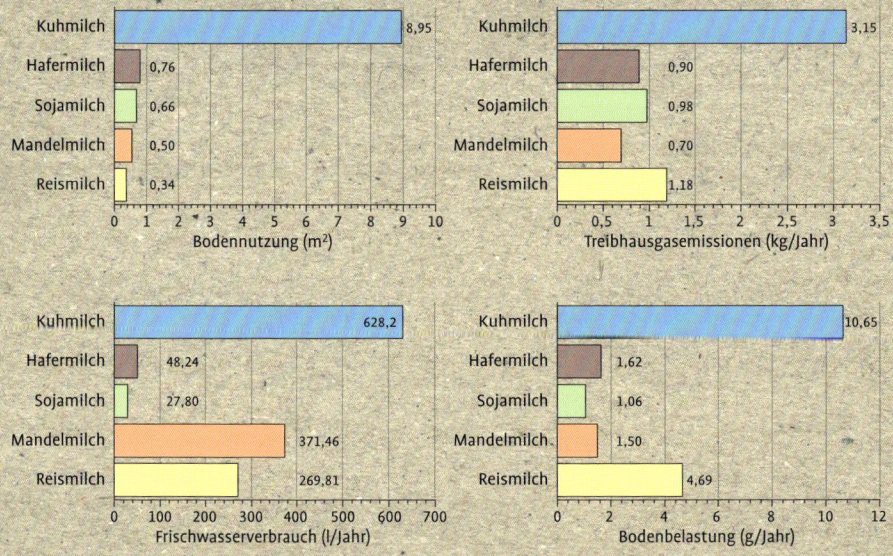

In diese Zahlen ist die gesamte Lieferkette einberechnet worden: Produktion, Verarbeitung, Transport, Verpackung sowie die dadurch veränderte Landnutzung wie etwa durch Zerstörung von Ökosystemen.[23]

Auch bei gekaufter Sojamilch stammen die Bohnen fast ausschließlich aus Europa, dabei überwiegend aus Österreich. Das bessert ebenfalls die Bilanz im internationalen Vergleich auf, denn für den Soja-Anbau in Europa werden nicht wie etwa in Brasilien wertvolle Ökosysteme zerstört. Gentechnik ist ebenfalls nicht erlaubt (Seite 54). Problematisch ist allerdings, dass Ökotest in Laboruntersuchungen Nickel in vielen Sojadrinks fand.

Es geht noch nachhaltiger

Jetzt haben wir die Klimabilanz von gekauften Milchprodukten betrachtet, wobei auch die Verpackung und der Transport des in der Milch enthaltenen Wassers einberechnet wurden. Die Bilanz können wir durch das Selbermachen zuhause nochmal deutlich verbessern!

Mit Abstand am nachhaltigsten ist es, die Zutaten für die eigene Milch – wie Hasel- oder Walnüsse – im Herbst bei einem Spaziergang oder einem Fahrradausflug zu sammeln. Getoppt wird das nur noch von der Kochsahne aus Kürbiskernen, die beim Kochen anfallen und sonst im (Bio-)Müll gelandet wären. Die Treibhausgasemissionen dieser selbsthergestellten Milchprodukte belaufen sich hier gegen Null. Die monetären Kosten übrigens auch. Und habe ich schon erwähnt, dass diese Milchsorten auch noch gut schmecken?

EQUIPMENT

Für selbstgemachte vegane Milch müssen die Basiszutaten wie beispielsweise Hafer oder Haselnüsse sehr fein zerkleinert werden. Das schafft leider nicht jedes Gerät. Was es zu beachten gibt, und mit welchen Tricks du auch mit schwächeren Geräten leckere Milch machen kannst, erfährst du in diesem Kapitel.

WAS BRAUCHE ICH WIRKLICH?

Am besten und ökologischsten ist es immer, das zu benutzen, was du sowieso zuhause hast. Leider ist aber nicht jedes Gerät für die Herstellung von Milchgetränken geeignet, denn dafür müssen die Zutaten wirklich sehr fein zerkleinert werden. Was für dich die richtige Ausstattung ist, hängt unter anderem auch davon ab, was du sonst in der Küche zubereitest.

TIPP

Gebrauchte Geräte zu kaufen, spart Geld, schont die Ressourcen und das Klima!

„Mix & Go"-Geräte

Diese Mini-Standmixer haben meistens kleine Mixbecher bis rund 600 Milliliter, in denen Einzelportionen zubereitet werden können. Der Aufsatz mit den Messern wird auf den Mixbecher aufgeschraubt und dann kopfüber auf den Motorblock gesteckt.

Diese Mixer eignen sich meistens gut für die Zubereitung von veganen Milchsorten, weil die gesamte Konstruktion auf das Zerkleinern von Zutaten in Flüssigkeit ausgelegt ist.

Vorteile:

- Super für kleine Portionen.
- Oft können Becher und Messeraufsatz in die Spülmaschine.
- Günstiger Preis im Vergleich zu größeren Standmixern
- Oft auch gut geeignet für die Zubereitung von Dips, Dressings oder zum schnellen Mahlen von Nüssen oder Zucker (zu Puderzucker) beim Backen.
- Kleines Gerät, das nicht viel Platz wegnimmt und schnell im Schrank verstaut ist.

Nachteile:

- Nicht geeignet für große Portionen, wie die Zubereitung eines ganzen Liters Milch.
- Durch die Konstruktion können nur kalte Zutaten darin gemixt werden, denn Becher und Mixaufsatz schließen luftdicht und heiße Zutaten würden sich beim Mixen ausdehnen und herausspritzen.
- Harte Zutaten wie Nüsse müssen vorher mehrere Stunden eingeweicht werden. Auch weichere Zutaten wie Kerne oder Körner sollten für ein besseres Ergebnis vorher eingeweicht werden.

Ein guter Standmixer

Dein Standmixer sollte problemlos Smoothies, im besten Fall sogar einfache grüne Smoothies zubereiten können.

Vorteile:

- Es gibt Standmixer mit Glasbehältern, sodass der Inhalt gar nicht bis kaum mit Plastik in Kontakt kommt.

- Vielfältig einsetzbar, z. B. für Cocktails, etwas größere Portionen Dips, Pesto, vegane Aufstriche, Suppen oder Paniermehl.

Nachteile:

- Das Spülen des Behälters kann je nach Form etwas umständlich sein.
- Harte Zutaten wie Nüsse müssen meist vorher mehrere Stunden eingeweicht werden. Je nachdem, wie leistungsstark dein Mixer ist, ist es für ein besseres Ergebnis empfehlenswert, auch weichere Zutaten wie Kerne oder Körner vorher einzuweichen.

Hochleistungsmixer

Ein Hochleistungsmixer ist ein besonders leistungsstarker Standmixer, der im Grunde alles kleinbekommt. Besonders beliebt sind diese Mixer bei Fans von grünen Smoothies, da fasrige Blätter wie Grünkohl, an denen übliche Standmixer oft scheitern, problemlos so zerkleinert werden, dass sie gar nicht mehr wahrnehmbar sind. Auch in der Rohkostszene gelten sie oft als Must-Have.

Vorteile:

- Die festen Zutaten werden so gut zerkleinert, dass oft gar nichts im feinmaschigen Sieb und nur ganz, ganz wenig im Nussmilch-beutel zurückbleibt. Das bedeutet, dass mehr feste Stoffe und damit mehr wertvolle Nährstoffe in der Milch landen.
- Nüsse, Kerne und Körner müssen vorher nicht eingeweicht werden, d.h. die Zubereitung der veganen Milch benötigt oft weniger Vorbereitungszeit und kann spontan erfolgen.
- Vielfältig einsetzbar, auch für Zubereitungen, die übliche Standmixer nicht schaffen, wie z. B. grüne Smoothies aus fasrigem Blattgrün, Eiscreme (bzw. Nicecream) oder Mehl aus ganzen Körnern. Darunter auch Produkte, die oft nicht unverpackt erhältlich sind (und von leistungsschwächeren Standmixer nicht zur gewünschten Konsistenz verarbeitet werden können) wie Nussmuse, gemahlene Nüsse, Puderzucker oder ausgefallenere Mehlsorten wie Kichererbsen- oder Mandelmehl.
- Große Online-Community, die Rezepte und Tipps bereitstellt.

Nachteile:

- Sehr teuer.
- Aus Sicherheitsgründen nicht mit Glasbehältern, sondern generell mit (standardmäßig BPA-freien) Plastikbehältern erhältlich.
- Kleine Mengen oft durch die großen Behälter schwierig herzustellen.
- Geräte generell sehr groß und sehr laut.

● Für die Zubereitung von Milchalternativen ist so ein Power-Mixer *kein* Muss, sondern eher ein Nice-to-have. Das teure Schätzchen lohnt sich erst dann, wenn du es für andere Zubereitungen einsetzen möchtest, deren Herstellung übliche Standmixer in die Knie zwingen.

Thermomix und ähnliche Multifunktionskocher

Ein Thermomix ist im Grunde ein Mixer, in dem auch erhitzt und damit auch gekocht werden kann. Es gibt ähnliche Geräte von anderen Herstellern.

Vorteile:

● Fast genauso leistungsstark wie ein Hochleistungsmixer. Schafft sogar Nussmuse, was sonst nur Hochleistungsmixer können.

● Äußerst praktisch für Milchsorten, die gekocht werden müssen, oder für Joghurt, denn im Mixbehälter kann direkt gekocht oder eine bestimmte Temperatur gehalten werden.

● Behälter aus Edelstahl statt Plastik.

● Behälter und andere beweglichen Teile sind spülmaschinenfest.

● Äußerst vielfältig einsetzbar, da darin auch gekocht werden kann.

● Große Online-Community, die Rezepte und Tipps bereitstellt.

Nachteile:

● Noch teurer als Hochleistungsmixer. Günstige Geräte sollen keine lange Lebensdauer haben.

● Geräte sind sehr groß.

Sojamilchbereiter

Sojamilchbereiter kannst du dir wie einen Wasserkocher mit Überkochschutz und einem darin verbauten Pürierstab vorstellen. Anders als der Name vermuten lässt, kannst du darin nicht nur Sojamilch, sondern auch andere pflanzliche Milchsorten per Knopfdruck herstellen, die hinterher nur noch abgesiebt werden müssen.

Vorteile:

● Die automatischen Programme können unbeaufsichtigt laufen.
● Sehr praktisch vor allem für Milchalternativen, die gekocht werden müssen, kann aber auch Pflanzenmilch ohne Kochen herstellen.
● Auch zum automatischen Kochen von Cremesuppen geeignet.
● Nicht teurer als ein besserer Standmixer.
● Innenseite in der Regel aus Glas oder Edelstahl.
● Kleines Gerät, das auch problemlos im Küchenschrank verstaut werden kann.

Nachteile:

● Zutaten wie Nüsse oder Sojabohnen müssen trotzdem meistens vorher eingeweicht werden.
● Mix-Ergebnis gut, aber oft „nur" vergleichbar mit einem mittelstarkem Standmixer oder "Mix & Go"-Gerät.
● Nicht so vielseitig wie andere Geräte.
● Sojamilch und andere Milchsorten, die Kochen erfordern, müssen erst abkühlen, bevor sie durch einen Nussmilchbeutel (Seite 38) abgesiebt werden können. Bei der Verwendung von Mixern kann meist erst mit kaltem Wasser gemixt, dann abgesiebt und im Anschluss erst gekocht werden.
● Die Reinigung ist etwas umständlich, weil die Elektronik im Gerät verbaut ist und entsprechend Vorsicht geboten ist.

Pflanzenmilch-Vollautomat

Ja, die gibt es! Du füllst einfach Wasser in einen Wassertank, gibst die trockenen Zutaten in einen Mixbehälter und stellst das passende Programm an. Nachdem deine Wunsch-Milch fertig ist, reinigt sich das Gerät je nach Gerätetyp sogar automatisch.

Vorteile:

- Vollautomatisch, meist sogar inklusive Reinigung.
- Besonders praktisch bei Milchsorten, die gekocht werden müssen.
- Sehr gutes Mixergebnis, es soll kaum etwas im feinmaschigen Sieb hängen bleiben.

Nachteile:

- Vollautomatisch, also keine manuelle Kontrolle möglich.
- Lange Programmdauer.
- Teurer als gute Standmixer oder ein Sojamilchbereiter, aber günstiger als Hochleistungsmixer und Thermomix.
- Laut Online-Erfahrungsberichten leider oft nicht sehr langlebig.
- Unnötiger Energieverbrauch: Alle Milchsorten werden gekocht, auch die, bei denen es nicht nötig wäre. Außerdem startet das Reinigungsprogramm nach jedem Programmablauf automatisch, also auch, wenn du gerne zwei Portionen hintereinander zubereiten möchtest und eine Zwischenreinigung gar nicht nötig wäre.
- Im Gegensatz zu den anderen Geräten kann dieses nur vegane Milch herstellen.

WELCHES PROGRAMM EINSTELLEN?

Wenn du einen Sojamilchbereiter oder Pflanzenmilch-Vollautomaten verwendest, musst du leider selbst entscheiden, welches Programm an deinem Gerät am besten zu den im jeweiligen Rezept angegebenen Arbeitsschritten passt. Die meisten Sojamilchbereiter haben ein Smoothie-Programm, womit du zeitsparend Milch herstellen kannst, die nicht gekocht werden muss. Wenn die Milch abgekocht werden soll, stellst du ein Programm ein, das ebenfalls die Milch kocht (z. B. Sojamilch-Programm).

Nussmilchbeutel oder Passiertuch

Wenn du keinen Nussmilchbeutel hast, kannst du auch einfach ein Passier- oder Baumwolltuch (z. B. ein dünneres Geschirrtuch) verwenden. Wenn du die Milch im Kaffee verwenden willst, solltest du sie durch einen Nussmilchbeutel oder ein Baumwolltuch filtern, statt nur durch ein feinmaschiges Sieb. Sonst verbinden sich die etwas größeren Teilchen in deiner Milch mit dem Kaffee und setzen sich ab –das sieht nicht nur unschön aus, sondern schmeckt auch nicht so gut.

Nussmilchbeutel oder Passiertücher bedeuten allerdings mehr Aufwand für Reinigung und Pflege, weswegen sie bei mir nur zum Einsatz kommen, wenn die Milch in den Kaffee soll. Am besten direkt nach der Verwendung leeren, mit warmem Wasser abspülen und mit einer milden (Kern-)Seife ohne Duft- und Zusatzstoffe auswaschen und sofort aufhängen. Damit alles hygienisch bleibt, die Tücher oder Beutel regelmäßig mit kochendem Wasser sterilisieren.

Feinmaschiges Sieb

Wenn die selbstgemachte Milch im Müsli oder im Kuchenteig landen soll, braucht sie nicht abgesiebt werden. Für alle anderen Anwendungen bietet es sich aber an, sie zumindest durch ein feinmaschiges Sieb zu geben. Der Vorteil des Siebs gegenüber einem Nussmilchbeutel oder Passiertuch (siehe unten) ist, dass auch heiße Flüssigkeiten gefiltert werden können. Der Nachteil ist, dass je nach Sieb auch größere Teilchen in deiner Milch landen können, vor allem, wenn du häufig und stark mit dem Löffel nachdrückst. Außerdem sind sie nicht so oft im Handel erhältlich. Tipp: Stattdessen ein sehr feinmaschiges Kaffee- oder Teesieb verwenden.

Thermoskanne

Ich habe immer gute Erfahrungen damit gemacht, meinen Joghurt in der Thermoskanne zu fermentieren. Allerdings muss die Kanne direkt im Anschluss gut gespült werden, damit sie den Geschmack nicht annimmt. Meine Thermoskanne kommt auch bei der Herstellung von Getreidemilch mit Backmalz (Seite 60–62) zum Einsatz. Denn auch da muss die Temperatur über eine längere Zeit gehalten werden.

Joghurtbereiter

Für die Zubereitung von Joghurt muss die vegane Milch mit einem Starter gemischt und für 8 bis 16 Stunden auf einer Temperatur von ungefähr 40 °C gehalten werden.

Es ist möglich, dafür den Ofen auf 40 °C zu stellen oder einen elektrischen Joghurtmacher zu verwenden. Es gibt aber auch stromlose Joghurtmacher, die aus einem Behälter für den Joghurt bestehen, der wiederum in einen weiteren, isolierten Behälter mit warmem Wasser gestellt wird. Ich persönlich verwende aber einfach eine Thermoskanne.

Trichter, Flaschen und Gläser

Zum Abfüllen deiner fertigen Milch brauchst du Trichter und Flaschen, für deinen Joghurt Gläser.

Die Glasflaschen mit Ploppverschluss sehen zwar sehr dekorativ aus, sind aber umständlicher zu reinigen, weshalb ich meistens Flaschen mit größeren Öffnungen empfehle. Tipp: Es gibt Edelstahl-Kugeln, mit denen du auch Flaschen mit engem Hals mit etwas Wasser und Citronensäure sehr gut sauber bekommst. Meistens verwende ich dennoch größere Schraubverschlussgläser für meine Milch, weil diese in der Spülmaschine gereinigt werden können.

Für Joghurt sind alte Marmeladengläser mit etwas größerer Öffnung oder Einweckgläser perfekt.

#machsnachhaltig

VEGANE MILCH
OHNE GERÄTE ZUBEREITEN

Mit dem Zusatz von Kakaopulver und einem Süßungs-mittel erhälst du übrigens Schokocreme!

Der Einsatz von industriell gefertigtem Mus ist nicht ganz so nachhaltig wie das Selbermachen aus Trockenzutaten, weil Mus aufgrund seiner Konsistenz in Gläsern verkauft wird, die durch ihr hohes Eigengewicht beim Transport mehr Treib-hausgasemissionen verursachen. Trotzdem: Im Vergleich zur gekauften Milchalternativen, bei denen zu rund 90 % Wasser transportiert wird, sparst du mit Nussmusen als Milch-Konzentrat dennoch sehr viele Emissionen ein.

Einige Milchalternativen können aber auch ganz ohne Geräte gemacht werden. Dazu müssen nur die Basiszutaten bereits sehr, *sehr* fein vorliegen.

Nussmuse

Reine Nussmuse bestehen nur aus fein gemahle-nen Nüssen. Durch das feine Mahlen tritt das Fett der Nüsse aus, weswegen kein Mehl, sondern ein Mus entsteht. Das wohl bekannteste Nussmus ist die Erdnussbutter. Aber aus fast allen Nüssen und den meisten Kernen können Muse gemacht werden.

So geht's

Das Nuss- oder Kernmus kannst du dir wie eine In-stant-Version für deine Nussmilch vorstellen. Du gießt vier Teelöffel Mus in einer Tasse (200 ml) mit heißem Wasser auf und rührst das Ganze gut um. Dabei kann ein kleiner Schneebesen helfen. Nuss-muse sind in der Regel so fein gemahlen, dass du deine Nussmilch nicht absieben musst, weil so-wieso nichts im Sieb oder Tuch hängenbleiben würde!

Mus aus Nüssen oder Kernen selbst machen

Wenn du Muse aus Nüssen oder Kernen selbst
machst, kannst du bestimmen, woher deine Zutaten kommen und auch Sorten machen, die
es nicht zu kaufen gibt. Allerdings brauchst du
dazu entweder einen Hochleistungsmixer, einen
Thermomix oder einen guten Food Processor.

1. Eine gute Menge Nüsse oder Kerne in den
   Mixbehälter geben. Am besten funktioniert
   das mit gerösteten Nüssen oder Kernen, weil
   da das Fett leichter austritt. Bei ungerösteten
   Nüssen noch einige Esslöffel Öl dazugeben.
   Wichtig: Den Behälter zu mindestens drei
   Vierteln füllen, damit die Klingen greifen. Hier
   gilt: Lieber etwas zu viel

als zu wenig. Die genaue Füllmenge hängt
von deinem Gerät und der Form des Mixbe-
hältnisses ab. Je enger der Behälter unten
zuläuft, desto besser greift ein Mixbehälter
auch bei verhältnismäßig kleinen Mengen.

2. Die Nüsse erst auf niedriger Stufe mixen und
   dann recht zügig auf die höchste Stufe schal-
   ten. Dabei – sofern beim Gerät vorhanden
   – mit dem Stopfer die Zutaten immer wieder
   nach unten drücken.

3. Dazwischen pausieren und mit einem Teig-
   schaber die Masse von den Seiten Richtung
   Klingen kratzen und ggf. Öl nachgeben. Nach
   und nach wird die Masse immer flüssiger und
   auch heiß vom Mixen. Das ist normal und
   kein Grund zur Sorge.

4. Die warme Masse in ein sauberes, am besten
   vorher sterilisiertes Schraubverschlussglas
   füllen und verschließen.

5. Frisches Wasser in den Mixer füllen und auf
   höchster Stufe 30–60 Sekunden laufen lassen.
   Das löst nicht nur das hartnäckige Mus vom
   Behälter, sondern ergibt gleichzeitig die erste
   Portion Milchdrink.

6. Dein selbstgemachtes Kern- oder Nussmus
   hält sich mindestens drei Monate. Bei guter
   Hygiene (Mus immer nur mit sauberem
   Besteck entnehmen) auch deutlich länger.

LEVEL 1 AZUBI: SCHNELLE MILCH OHNE SCHNICK-SCHNACK

Viele Milchorten lassen sich schnell zubereiten: Milchbasis und Wasser in den Mixer, Mixer kurz laufen lassen und dann absieben – oder das Absieben auch sein lassen. Diese Rezepte sind ideal für Müsli, heiße Schokolade oder auch zum Backen. Der perfekte Einstieg also in die Welt der veganen Milchherstellung zuhause.

GRUNDREZEPT: SCHNELLE MILCH

Hier muss nichts eingeweicht, gekocht oder fermentiert werden. Allerdings empfehle ich dir, erst mal einige erprobte Rezepte aus dem Buch nachzumachen, bevor du dich ans große Experimentieren machst.

70–120 g Milchbasis

¼ TL Salz

Optional: 20 g Zucker oder ein anderes Süßungsmittel

Optional: 10–20 ml (2–4 TL) Sonnenblumenöl

Optional: 10–25 g Haferflocken als Stabilisator, damit sich die Milch nicht trennt

1 l Wasser

NIX ZUHAUSE?

Auch Studentenfutter oder das Lieblingsmüsli kann mal als Milchbasis für einfache Anwendungen herhalten. Das ergibt allerdings meistens eine recht süße Milch, die sich aber als sehr lecker in Kuchen, Müsli und auch einfach zum Trinken erwiesen hat.

- Heißes statt kaltes Wasser verwenden, wenn Hafer als Stabilisator eingesetzt wird.
- Alle Zutaten in den Mixer geben und auf höchster Stufe 30–60 Sekunden mixen.
- Bei Bedarf durch feinmaschiges Sieb, Passiertuch oder Nussmilchbeutel absieben. Beim Einsatz im Müsli oder in Teigen nicht nötig.

Gut zu wissen

- Diese Milchsorten sind hauptsächlich für unkomplizierte Anwendungen wie zur Weiterverarbeitung in Teigen oder im Müsli geeignet. Sie sind je nach Zutat für die Milchbasis nicht unbedingt für den Einsatz im Kaffee geeignet.
- Wird bei dieser Zubereitungsmethode Hafer als Milchbasis verwendet, wird die Milch nicht wie gekaufte Hafermilch schmecken. Die so hergestellte Milch eignet sich aber für die Weiterverarbeitung und für heiße Schokolade, für die das Eindicken mit Hafer sehr gut passt. Wenn du das Gefühl hast, dass die Milch nichts geworden ist, musst du sie nicht wegschütten. Sie kann immer noch für Pfannkuchen, Waffeln, Kuchen oder Muffins verwendet werden, denn darin geht sie geschmacklich immer fast komplett unter.

GEEIGNETE ZUTATEN FÜR DIE MILCHBASIS:

Diese Zutaten können nach Herzenslust kombiniert werden:

- **Haferflocken** (grob oder fein): Eher für Milch geeignet, die der Weiterverarbeitung in z. B. Teigen dient oder für heiße Schokolade, wo das Eindicken erwünscht ist.
- **Haselnüsse**: Keine Einschränkungen
- **Walnüsse**: Setzt sich ab, färbt Milch leicht bräunlich
- **Hanfsamen**: Eine eher dünne Milch, besser als Nebenbasis
- **Kürbiskerne**: Deutlicher Eigengeschmack, besser als Nebenbasis, kann Milch leicht grünlich einfärben
- **Sonnenblumenkerne**: Trennt sich schnell, besser als Nebenbasis

UNGEEIGNETE ZUTATEN FÜR DIE MILCHBASIS:

- **Alle Getreide- und Pseudegetreidesorten außer Hafer**, denn diese schmecken unfermentiert und unerhitzt nach rohem Teig
- **Hülsenfrüchte wie Soja oder Erbsen**, denn diese müssen eigenweicht und gekocht werden

EMPFEHLUNG:

Beim Kombinieren erst einmal mit nur zwei Zutaten anfangen, von denen die eine mit über zwei Dritteln Anteil die Hauptbasis und die andere mit weniger als einem Drittel Anteil die Nebenbasis darstellt.

FEATURE

TIPPS & TRICKS — SO WIRD DEINE MILCH NOCH BESSER!

Dein Gerät ist nicht sehr leistungsstark?

Nimm bereits zerkleinerte Zutaten wie gemahlene oder gehackte Nüsse, Nussmuse (Seite 40), Flocken oder Mehle. Auch ein ausgiebiges Einweichen vorweg, warmes Wasser und ein längerer Mixvorgang mit Pausen entlasten dein Gerät. Getreide kannst du außerdem vor dem Mixen in der angegebenen Wassermenge kochen, die Menge an verdunstetem Wasser musst du anschließend mit kochendem Wasser auffüllen.

Mixe die Zutaten nur mit ungefähr einem Drittel des Wassers und gebe den Rest nach und nach dazu. Verwende außerdem etwas mehr Zutaten im Verhältnis zum Wasser, damit deine Milch nicht zu dünnflüssig wird, was passieren kann, da bei schlechterem Mixergebnis mehr im Sieb hängen bleibt.

Absieben muss nicht immer sein

Meistens landet meine frisch hergestellte Milch im Müsli, im Kuchenteig oder wird beim Kochen eingesetzt. Bei all diesen Anwendungen spare ich mir das Absieben und freue mich über die zusätzlichen Nährstoffe. Selbst wenn ich aus der Milch Joghurt mache, siebe ich sie meistens nicht ab, weil der Joghurt bei mir sowieso fast ausschließlich im Müsli landet. Einzig für die Verwendung im Kaffee und wenn Gäste kommen, hole ich meinen Nussmilchbeutel aus dem Schrank.

Haltbarkeit verlängern

Deine frische vegane Milch verbrauchst du am besten innerhalb von fünf bis sieben Tagen. Wie lange sie genau haltbar ist, hängt ein bisschen vom Rezept ab und davon, wie hygienisch du arbeitest. Milchsorten, die bei der Herstellung nicht abgekocht werden mussten (wie die Rezepte bei Level 1), sind kürzer haltbar als solche, die abgekocht wurden.

Du kannst die Haltbarkeit verlängern, indem du die Milch vor dem Abfüllen drei bis fünf Minuten abkochst und nur in Gläser oder Flaschen abfüllst, die sterilisiert wurden. Sprich, die frisch aus der Spülmaschine kommen oder die du noch mal mit kochendem Wasser sterilisiert hast. Und wenn du möchtest, kannst du sie natürlich auch einkochen, dann sind sie problemlos mehrere Monate haltbar.

Geschüttelt oder gerührt

Es ist vollkommen normal, dass sich deine Milch mit der Zeit etwas trennt und absetzt. Schüttle sie am besten vor der Anwendung oder rühr sie um. Wie stark sie sich absetzt, hängt davon ab, wie gut dein Mixer ist und wie fein du absiebst. Ein feinmaschiges Sieb siebt weniger fein ab als ein Passiertuch oder Nussmilchbeutel. Wenn du deinen Kaffee mit einem Schuss Milchdrink verfeinerst und dein Getränk ausflockt, ist das meist nur eine Frage der Optik. Rühr dein Heißgetränk einfach beim Trinken immer mal um und probiere beim nächsten Mal einen anderen Milchdrink oder einen säureärmeren Kaffee.

Eigengeschmack reduzieren

So schmeckt deine Milch neutraler!

Geschälte Zutaten verwenden

Oft stecken viele Aromen in der Schale oder der Haut. Am einfachsten ist es immer, die Zutaten bereits geschält zu kaufen. Gehackte oder gehobelte Nüsse sind oft enthäutet, Sojabohnenhälften ebenfalls und bei Getreide kannst du auch nicht-Vollkorn Mehle mit kleinerer Typenzahl verwenden.

Haselnüsse kannst du nach dem Einweichen abgießen und dann mit kochendem Wasser übergießen und kalt abschrecken. Dabei löst sich die Haut, wobei es etwas mühsam ist, die kleinen Fetzen zu entfernen.

Zerkleinern und ausdünsten lassen

Setz die Zutat – am besten (im Mixer) zerkleinert und auf einem Teller ausgebreitet oder in einem Glas – ein oder zwei Tage Luft und Licht aus.

HASELNUSSMILCH STATT MANDELMILCH

Fans der Mandelmilch werden auch von der regionaleren Haselnussmilch begeistert sein! Sie schmeckt dezent nach Nougat, lässt sich leicht aufschäumen und passt geschmacklich sehr gut zu Kaffee.

Glutenfrei, sojafrei

....

110 g Haselnüsse, am besten gehackt, gemahlen oder vorher mehrere Stunden eingeweicht

....

¼ TL Salz

....

Optional: 20 g Zucker oder anderes Süßungsmittel

....

Optional: 10 ml (2 TL) Sonnenblumenöl

....

1 l Wasser

....

TIPP
Nicht regional, aber enorm lecker: etwas Zimt- oder Vanillepulver dazugeben!

↺ Alle Zutaten in den Mixer geben und auf höchster Stufe 30–60 Sekunden mixen.

↺ Bei Bedarf durch feinmaschiges Sieb, Passiertuch oder Nussmilchbeutel absieben. Beim Einsatz im Müsli oder in Teigen nicht unbedingt nötig.

Gut zu wissen

↺ Haselnussmilch ist – zumindest meiner Meinung nach – die perfekte Milch für Pudding, sowohl vom Geschmack als auch von der Cremigkeit her.

↺ Haselnussmilch aus selbstgesammelten Haselnüssen ist neben Walnussmilch aus selbstgesammelten Walnüssen mit Abstand die nachhaltigste Milchoption!

↺ Haselnussmilch macht sich grundsätzlich auch sehr gut in Kuchenteigen, wobei sie dafür fast zu schade ist, weil der Geschmack im Teig untergeht. Dafür kann also besser zu günstigeren Optionen wie eine einfache, ungekochte Hafermilch (Seite 44) zurückgegriffen werden.

LEVEL 2 PROFI: MILCHDRINKS KOCHEN UND FERMENTIEREN

Zeit, von AZUBI zu PROFI aufzusteigen! Ab hier werden wir uns an aufwendigere Milchsorten wagen. Das Ergebnis überzeugt und die Arbeit lohnt sich! Wenn du dich schon oft gefragt hast, warum deine selbstgemachte Pflanzenmilch nicht wie das gekaufte Pendant schmeckt, ist das dein Kapitel. Denn hier bedienen wir in uns aus der Trickkiste der Industrie, aber ohne die unerwünschten Zusatzstoffe.

SOJAMILCH

Sojamilch hat in vielen asiatischen Ländern eine lange Tradition, wo sie ein eigenständiges Getränk und kein Milchersatz ist. Da sie nicht versucht, Kuhmilch zu imitieren, hat der Drink einen entsprechend ausgeprägteren Eigengeschmack nach Soja. Dieser kann aber auch reduziert werden.

Glutenfrei, nussfrei

Methode 1: Nach traditioneller chinesischer Art (豆漿)

....

100 g getrocknete geschälte Sojabohnen (entspricht gut 200 g eingeweichten oder gekochten Sojabohnen)
....
Wasser zum Einweichen
....
1,2 l frisches Wasser

Methode 2: Mit weniger Eigengeschmack

....

100 g getrocknete geschälte Sojabohnen (entspricht gut 200 g eingeweichten oder gekochten Sojabohnen)
....
Wasser zum Einweichen
....
Wasser zum Kochen
....
500 ml frisches Wasser und ¼ TL Natron
....
1 l frisches Wasser
....
Optional: ¼ TL Salz
....
Optional: 20 g Zucker oder anderes Süßungsmittel
....

Methode 1

- ↺ Sojabohnen für eine gute Bekömmlichkeit 6–8 Stunden, besser noch 12 Stunden einweichen.
- ↺ Einweichwasser abgießen und zum Blumengießen verwenden.
- ↺ Die Sojabohnen mit frischem Wasser im Mixer auf höchster Stufe 30–60 Sekunden mixen.
- ↺ Durch ein Passiertuch, einen Nussmilchbeutel oder ein feinmaschiges Sieb in einen Topf absieben.
- ↺ Auf dem Herd einmal unter Rühren aufkochen (Vorsicht, kann überkochen) und danach auf kleinster Flamme mit geschlossenem Deckel 30 Minuten köcheln lassen. Hin und wieder umrühren, damit nichts am Topfboden anbrennt. Wenn dir der Eigengeschmack zu stark ist, kannst du ihn etwas reduzieren, indem du die Milch weitere 30 Minuten köcheln lässt. Denke aber daran, dass das mehr Strom verbraucht.
- ↺ Falls beim Kochen sehr viel Wasser verdunstet ist, die Sojamilch mit kochendem oder abgekochtem Wasser auf 1 l Gesamtvolumen aufgießen.

Methode 2

- ↺ Diese Methode entstammt einer wissenschaftlichen Untersuchung für die industrielle Nutzung[27], die ich hier für den Haushaltsgebrauch angepasst habe.
- ↺ Sojabohnen für eine gute Bekömmlichkeit 6–8 Stunden, besser noch 12 Stunden einweichen.
- ↺ Einweichwasser abgießen und zum Blumengießen verwenden.
- ↺ Leicht mit Wasser bedeckt entweder im Schnellkochtopf 2 Minuten (ab Erreichung des nötigen Drucks) kochen oder 15 Minuten im Topf mit geschlossenem Deckel köcheln lassen. Laut der Studie schmeckte die Sojamilch bei der Methode im Schnellkochtopf besser als beim Kochen im herkömmlichen Kochtopf.

Sojamilch verhält sich am ähnlichsten zur Kuhmilch: Sie kocht genauso über, bildet warm eine Haut, trennt sich nicht, lässt sich gut schäumen und dickt als Joghurt natürlicherweise ein.

⊘ Danach das Kochwasser abgießen. Abgekühlt kann es ebenfalls zum Blumengießen verwendet werden.

⊘ Die Sojabohnen nun weitere 6 Stunden in einer Mischung aus 500 ml frischem Wasser und ¼ TL (1,25 g) Natron ziehen lassen. Danach das Natronwasser wegkippen – damit aber *nicht* die Blumen gießen.

⊘ Die Bohnen mit 1 l frischem Wasser und ggf. mit Salz und Süßungsmittel im Mixer auf höchster Stufe für 30–60 Sekunden mixen.

⊘ Durch ein Passiertuch oder einen Nussmilchbeutel absieben und 2–3 Minuten abkochen.

Gut zu wissen

⊘ Wenn du wenig Zeit zum Einweichen hast oder dein Mixer schwach auf der Brust ist, kannst du statt ganzen Sojabohnen auch Sojamehl nehmen. Das Sojamehl mindestens eine Stunde in 500 ml Wasser einweichen. Das Einweichwasser lässt sich nicht abgießen, aber du kannst das Ganze mit 700 ml frischem Wasser auffüllen.

⊘ Wenn du keine geschälten Sojabohnen bekommst, kannst du nach dem Einweichen (und vor dem Abgießen des Einweichwassers) mehrfach in die Sojabohnen greifen. Dabei löst sich die Haut von den Bohnen und kann entfernt werden. Du kannst die Sojabohnen auch mit der Haut verwenden, allerdings wird deine Sojamilch dadurch einen stärkeren Eigengeschmack haben.

FEATURE

IST ES NICHT KLIMASCHÄDLICH, SOJA ZU VERWENDEN?

Das eigentliche Problem: Tierische Produkte

Diese zumeist gentechnisch veränderten Bohnen landen jedoch eher selten auf dem Teller von Menschen. Nach einem WWF-Report zu den Lieferketten von Soja konsumieren wir hier in der EU statistisch 61 Kilogramm Soja pro Kopf, wovon wir mit 90 % die überwältigende Mehrheit *indirekt* über tierische Produkte verzehren. Denn mehr als drei Viertel vom weltweit angebauten Soja landet in Futtertrögen.

Da nicht einmal 7 % davon in die Produktion von Tofu, Sojamilch und anderen sojabasierten Lebensmitteln fließen, wird die Zerstörung von Regenwäldern für den Sojaanbau daher grundsätzlich auf den steigenden Fleischkonsum zurückgeführt.[28]

Soja hat keinen besonders guten Ruf, denn gerade in Brasilien und Argentinien werden klimatisch besonders wertvolle Ur- und Regenwälder und damit ganze Ökosysteme für den Anbau der kleinen Proteinbombe zerstört. Die Soja-Anbauflächen allein in Brasilien entsprechen der Größe von Deutschland – Tendenz steigend.

Sojapflanze auf einem Feld in Niederösterreich

Ersatzprodukte aus Soja sind sogar sinnvoll

Ökologischer wäre es, wenn wir das Soja direkt zu uns nehmen würden, denn so würden wir Ackerfläche, Energie, Wasser und natürlich Treibhausgase sparen.[29] Es ist schon schockierend: Weltweit wird für den Anbau von Tierfutter *viermal* so viel fruchtbares Ackerland eingesetzt als für die direkte menschliche Lebensmittelproduktion![30] Dabei spricht man von einem Kalorienverlust. Das bedeutet, dass mehr Kalorien in Form von Futtermitteln eingesetzt werden, als dann am Ende in den tierischen Produkten stecken.[31] Nur etwa 10–35 % des Futters, das die Nutztiere fressen, wird in Fleisch umgesetzt. Eigentlich logisch, schließlich brauchen die Nutztiere ja auch Energie für die restlichen lebensnotwendige Stoffwechselprozesse.[32]

Fazit

Der Sojaanbau ist nur problematisch, wenn dafür wertvolle Natur wie Regenwälder oder auch Grasland zerstört werden und stattdessen riesige Felder mit Monokulturen entstehen, auf denen auch noch gentechnisch veränderter Soja wächst.

Fakt ist: Soja an sich ist keine problematische Pflanze. Im Gegenteil, wie viele Hülsenfrüchte bindet die Sojapflanze in ihren Wurzelknollen Stickstoff, der nach der Ernte als Dünger in den Boden übergeht und so Dünger spart. Auch das üppige Blattwerk wirkt sich positiv auf die Bodenqualität aus.[33]

Nach Recherchen von Utopia stammt das Soja in Ersatzprodukten bei uns in der Regel aus europäischem Anbau[34] Das schließt sowohl das Problem der Zerstörung von Urwäldern für den Anbau als auch gentechnisch veränderte Sorten aus, denn die werden in der EU nur zu Forschungszwecken, aber nicht für den Konsum angebaut.

In Deutschland, Österreich oder der Schweiz angebaut ist Soja ist also kein Klimakiller.

Für die Rezepte hier im Buch kannst du bedenkenlos regional angebaute Sojabohnen verwenden.

WUSSTEST DU DAS?

Von den drei genannten Ländern baut Österreich mit Abstand das meiste Soja an.[35]

SONNENBLUMEN-KERN-HAFERMILCH

Diese cremige Milch schmeckt leicht getreidig und neutraler als Milch, die nur aus Sonnenblumenkernen oder nur aus Hafer hergestellt wird. Sie lässt sich leicht schäumen, bildet aber eher große Bläschen.

Glutenfrei*, sojafrei, nussfrei

35 g Sonnenblumenkerne

25 g Haferflocken

¼ TL Salz

Optional: 20 g Zucker oder anderes Süßungsmittel

Optional: 10–15 ml (2 TL oder 1 EL) Sonnenblumenöl

1 l (kochendes) Wasser

Mit hitzebeständigem Mixbehälter

↻ Prüfe unbedingt vorher, ob der Mixbehälter deines Gerätes hitzebeständig ist.

↻ Sonnenblumenkerne, Haferflocken, Salz und ggf. Süßungsmittel und Öl in den Mixer geben und mit kochendem Wasser übergießen. Das Wasser kühlt im Mixbehälter sofort auf unter 90 °C ab.

↻ Auf höchster Stufe 30–60 Sekunden mixen.

↻ Entweder sofort durch ein feinmaschiges Sieb absieben oder erst abkühlen lassen und dann durch ein Passiertuch oder einen Nussmilchbeutel absieben.

Kein hitzebeständiger Mixbehälter

↻ Sonnenblumenkerne, Haferflocken, Salz, ggf. Süßungsmittel und Öl mit kaltem Wasser auf höchster Stufe für 30–60 Sekunden mixen.

↻ Durch feinmaschiges Sieb, Passierbeutel oder Nussmilchbeutel in einen Topf absieben.

↻ Auf dem Herd einmal unter Rühren aufkochen.

GUT ZU WISSEN

Der Hafer dient in diesem Rezept sowohl als Basis als auch als Stabilisator, der dafür sorgt, dass sich die Milch nicht so schnell trennt.

*Glutenfrei bei Verwendung von glutenfreiem Hafer

BARISTA-MILCH AUS SOJA, HASELNUSS UND HAFER

Im Gegensatz zu den Barista-Milchrezepten aus dem nächsten Level (LEGEND) muss diese Milch bei der Herstellung weder fermentiert werden noch sind Zusatzstoffe wie Lecithin nötig. Sie schmeckt im Kaffee neutraler als reine Soja-, Haselnuss- oder Hafermilch.

Glutenfrei*

Mit hitzebeständigem Mixbehälter

....

40 g Sojabohnen, getrocknet
....
Wasser zum Einweichen
....
1,2 l frisches Wasser
....
40 g Haselnüsse, am besten gehackt, gemahlen oder vorher eingeweicht
....
15 g Haferflocken
....
¼ TL Salz
....
10 ml (2 TL) Sonnenblumenöl
....
Optional: 20 g Zucker oder anderes Süßungsmittel
....

Mit hitzebeständigem Mixbehälter

↻ Prüfe unbedingt vorher, ob der Mixbehälter deines Gerätes hitzebeständig ist.

↻ Sojabohnen mindestens 6 Stunden einweichen.

↻ Einweichwasser abgießen und zum Blumengießen verwenden.

↻ Sojabohnen mit frischem Wasser im Topf aufkochen und danach 30 Minuten auf kleiner Flamme mit geschlossenem Deckel köcheln lassen. Hin und wieder umrühren. In der Zwischenzeit Haselnüsse, Haferflocken, Salz, Sonnenblumenöl und Süßungsmittel in den Mixer geben.

↻ Die Sojabohnen mit dem heißen Wasser in den Mixer geben und alles zusammen 30–60 Sekunden auf höchster Stufe mixen. Dabei dickt der Hafer die Milch leicht an und macht sie so cremiger.

↻ Wenn beim Kochen zu viel Wasser verdampft ist, mit kochendem oder abgekochtem Wasser auf 1 l aufgießen.

↻ Entweder sofort durch ein feinmaschiges Sieb absieben oder erst abkühlen lassen und dann durch ein Passiertuch oder Nussmilchbeutel absieben.

*Glutenfrei bei Verwendung von glutenfreiem Hafer

An der Milchdüse geschäumt

MIT DIESER MILCH LÄSST SICH EINFACHE LATTE-ART GIEßEN – WENN MAN ES KANN ...

Kein hitzebeständiger Mixbehälter

40 g Sojabohnen, getrocknet

Wasser zum Einweichen

Wasser zum Kochen der Sojabohnen

40 g Haselnüsse, am besten gehakt, gemahlen oder vorher eingeweicht

15 g Haferflocken

¼ TL Salz

10 ml (2 TL) Sonnenblumenöl

Optional: 20 g Zucker oder anderes Süßungsmittel

1 l frisches Wasser

GUT ZU WISSEN

Diese Barista-Milch schäumt sehr gut, wenngleich seltsamerweise ziemlich laut an einer professionellen Milchdüse. Sie produziert dabei ein paar größere Milchbläschen, aber es lässt sich damit trotzdem Latte-Art gießen.

Kein hitzebeständiger Mixbehälter

- Sojabohnen mindestens 6 Stunden einweichen.
- Einweichwasser abgießen und zum Blumengießen verwenden.
- Sojabohnen mit frischem Wasser im Topf aufkochen und danach 30 Minuten mit geschlossenem Deckel auf kleiner Flamme köcheln lassen. Die gekochten Sojabohnen abgießen.
- Die gekochten Sojabohnen, Haselnüsse, Haferflocken, Salz, Sonnenblumenöl und Süßungsmittel in den Mixer geben und mit frischem Wasser 30–60 Sekunden auf höchster Stufe laufen lassen.
- Durch feinmaschiges Sieb, Passiertuch oder Nussmilchbeutel in einen Topf absieben.
- Auf dem Herd einmal unter Rühren aufkochen. Dabei dickt der Hafer die Milch leicht an und macht sie so cremiger.

FEATURE

FERMENTATION
DURCH ENZYME

Damit Hafermilch oder auch andere auf Getreide basierende Milchsorten nicht eindicken und mehr nach Milch als nach Brei schmecken, werden gekaufte Getreidemilchdrinks bei der Herstellung mit Enzymen fermentiert.

Fakt ist: Wenn du Getreidemilch wie aus dem Ladenregal möchtest, kommst du an Enzymen nicht vorbei. Aus ökologischer Sicht ist es auf jeden Fall deutlich sinnvoller, deine Getreidemilch mit Enzymen selbstzumachen, als sie im Getränkekarton zu kaufen.

Amylasen

Bei den Enzymen handelt es sich um Amylasen. Das sind Verdauungsenzyme, die natürlicherweise unter anderem in unserem Verdauungssystem, aber auch in anderen Tieren und in Pflanzen vorkommen. Sie helfen uns, Kohlenhydrate in der Nahrung aufzuspalten, damit wir die Nahrungsbestandteile aufnehmen können.[36] Oft entsteht dabei Zucker.[37] Daher enthalten Getreidemilchsorten wie Hafermilch auch Zucker, obwohl auf der Verpackung „ohne Zuckerzusatz" steht.

Enzymlösungen

Enzymlösungen kannst du online in Brauerei-bedarfsshops kaufen. Es gibt aber auch spezielle Enzymlösungen für Hafermilch. Sie sind sehr ergiebig, sodass ein winziges Fläschchen für 100 bis 150 Liter Getreidemilch reicht. Der Preis für die Enzymlösung liegt bei 10 bis 16 Cent pro Liter Milchdrink.

Wenn du nicht möchtest, dass bei der Enzym-Fermentation Zucker entsteht, kannst du bei den auf Hafermilch spezialisierten Enzymlösungen nur eine von zwei möglichen Enzymlösungen einsetzen.

Die Enzyme werden mit Hilfe von Mikroorganismen hergestellt, die durchaus gentechnisch verändert sein können. Welche bei industriell hergestellten Getreidemilchsorten zum Einsatz kommen, ist leider nicht nachvollziehbar, da Enzyme als sogenannter Verarbeitungshilfsstoff nicht deklarationspflichtig sind. Wenn du die Enzyme selbst zusetzt, hast du die Möglichkeit, gentechnikfrei (und vegan) hergestellte Enzymlösungen zu verwenden.

Enzymaktives Backmalz (hell)

Menschen haben schon lange, bevor es Enzymlösungen zu kaufen gab, Bier mithilfe von Enzymen gebraut. Beim Bierbrauen muss die Stärke im Getreide in Zucker umgewandelt werden, damit dieser dann von der Hefe in Alkohol umgewandelt werden kann. Die nötigen Enzyme kommen vom Malz.

Bei meinen Experimenten stellte sich heraus, dass das auch mit Getreidemilch funktioniert. Allerdings wird dafür eine ziemliche Menge enzymaktives Bio-Backmalz als Zugabe benötigt (mindestens 30 g pro Liter) und so bringt das Malz deutliche eigene, karamellige Geschmacksnoten ein, die leicht an frischgebackene Brotkruste erinnern. Sehr lecker, aber nicht gerade neutral im Geschmack.

Preislich schlägt Backmalz mit 65 Cent pro Liter fermentierter Milch deutlich mehr zu Buche als eine Enzymlösung. Dafür ist Backmalz in Bio-Qualität erhältlich und die natürlichste Art, Getreidemilch zu fermentieren. Du kannst es in Bioläden, Reformhäusern und einigen Supermärkten bekommen.

WICHTIG

Wenn du vorhast, diese Milch für Speisen zu verwenden, für die du die Milch ohne Kochen andicken möchtest, empfiehlt sich ein kurzes Abkochen am Ende der Milchzubereitung oder vor der Verwendung. So werden die Enzyme in der Milch zerstört, damit sie nicht etwa deinen Pudding verflüssigen.

GRUNDREZEPT: MILCH MIT ENZYMEN FERMENTIEREN

Enzyme werden bei Basiszutaten mit hohem Stärkeanteil wie Getreide oder Pseudogetreide eingesetzt, damit die Milch nicht eindickt und nach Brei schmeckt.

Glutenfrei möglich, sojafrei, nussfrei

Mit Enzymlösung

....
100–120 g Milchbasis, es können mehrere Basiszutaten gemischt werden
....
¼ TL Salz
....
15–30 ml (1–2 EL) Sonnenblumenöl
....
1 l kochendes Wasser
....
Enzymlösung nach Herstellerangaben
....

Zusätzliches Equipment

....
Thermometer
....

Mit Enzymlösung

◠ Milchbasis, Salz und Öl in den **hitzebeständigen Mixbehälter** geben und mit kochendem Wasser übergießen. Dabei kühlt alles sofort auf unter 90 °C ab. Auf höchster Stufe 30–60 Sekunden lang mixen. **Ohne hitzebeständigen Mixbehälter:** Alle Zutaten mit kaltem Wasser auf höchster Stufe für 30–60 Sekunden mixen, absieben und im Topf kurz aufkochen.

◠ Die Temperatur kontrollieren und die Enzymlösung nach Herstellerangaben (meist bei ca. 70 °C) dazugeben und fermentieren (meist rund 1 Stunde). **Tipp:** Sollte eure Milch beim Fermentieren zu schnell abkühlen (z. B. durch niedrige Raumtemperatur), könnt ihr den Behälter mit der Milch in eine Jacke wickeln.

◠ Absieben, falls nicht schon geschehen.

ALS HAUPTBASIS ODER EINZIGE BASIS GEEIGNET:
Diese Zutaten sollten mindestens ²⁄₃ der Milchbasis ausmachen:
- **Haferflocken**
- **Dinkelflocken**
- **Hirse**, gekocht
- **Buchweizen**

ALS NEBENBASIS GEEIGNET:
- **Gelbe Erbsen**, gekocht
- **Emmer**, bei schwachen Geräten vorher kochen
- **Gerste**, bei schwachen Geräten vorher kochen
- **Haselnüsse**, bei schwachen Geräten gemahlen oder gehackt
- **Walnüsse**
- **Sonnenblumenkerne**

Buchweizenmilch lässt sich ein bisschen schäumen

UNTER DEM SUCHBEGRIFF „FLASCHENTHERMOMETER" KANNST DU GÜNSTIGE, GEBRAUCHTE THERMOMETER FÜR BABYFLASCHEN KAUFEN UND SO RESSOURCEN SCHONEN.

Mit Backmalz

70–90 g Milchbasis, es können mehrere Basiszutaten gemischt werden

¼ TL Salz

15–30 ml (1–2 EL) Sonnenblumenöl

1 l kochendes Wasser

30 g enzymaktives, helles Backmalz

Zusätzliches Equipment

Thermometer

Thermoskanne oder Bettdecke

TIPPS
Statt ganze Körner oder Flocken kannst du auch Mehle verwenden. Vermeide für einen neutraleren Geschmack Vollkornmehl und nimm am besten Mehl mit der kleinsten Typenzahl für die Sorte. Je länger du die Milch warm eingepackt fermentieren lässt, desto süßer wird sie. Lass sie aber auch nicht zu lang warm eingepackt, denn dadurch kann sie verderben!

Wenn du es natürlicher magst, kannst du statt Enzymlösung auch Backmalz für die Fermentation verwenden (Seite 60). Das Ergebnis ist sehr lecker – karamellig-malzig, aber definitiv nicht neutral.

Mit Backmalz

☺ Milchbasis, Salz und Öl in den **hitzebeständigen Mixbehälter** geben und mit kochendem Wasser übergießen. Dabei kühlt alles sofort auf unter 90 °C ab. Auf höchster Stufe 30–60 Sekunden lang mixen. **Ohne hitzebeständigen Mixbehälter:** Alle Zutaten mit kaltem Wasser auf höchster Stufe für 30–60 Sekunden mixen und im Anschluss im Topf kurz aufkochen.

☺ Im Mixer auf ungefähr 70 °C abkühlen lassen, die Temperatur unbedingt mit einem Thermometer überprüfen.

☺ Backmalz dazugeben, nochmal kurz auf niedriger Stufe mixen oder gut mit dem Schneebesen unterrühren und sofort in eine Thermoskanne füllen. Alternativ den ganzen Mixbehälter mit verschlossenem Deckel im Bett unter die vorzugsweise dicke Bettdecke stellen.

☺ 4 Stunden fermentieren lassen und absieben.

HAFERMILCH WIE GEKAUFT

Diese cremige Milch schmeckt leicht getreidig und neutraler als Milch, die nur aus Sonnenblumenkernen oder nur aus Hafer hergestellt wird. Sie lässt sich leicht schäumen, bildet aber eher große Bläschen.

Glutenfrei*, sojafrei, nussfrei

100–120 g Haferflocken, grob oder fein

¼ TL Salz

15–30 ml (1–2 EL) Sonnenblumenöl

1 L kochendes Wasser

Enzymlösung oder 30 g enzymaktives Backmalz

Zusätzliches Equipment

Thermometer

◔ Haferflocken, Salz und Öl in den **hitzebeständigen Mixbehälter** geben und mit kochendem Wasser übergießen. Dabei kühlt alles sofort auf unter 90 °C ab. Auf höchster Stufe für 30–60 Sekunden mixen. **Ohne hitzebeständigen Mixbehälter:** Alle Zutaten mit kaltem Wasser auf höchster Stufe für 30–60 Sekunden mixen, absieben und im Topf kurz aufkochen.

◔ Die Temperatur kontrollieren und die Enzymlösung nach Herstellerangaben (meist bei ca. 70 °C) dazugeben. Nach Herstellerangaben fermentieren (meist rund 1 Stunde). **Tipp:** Sollte eure Milch beim Fermentieren zu schnell abkühlen (z. B. durch niedrige Raumtemperatur), könnt ihr den Behälter mit der Milch in eine Jacke wickeln.

◔ Falls nicht bereits abgesiebt, durch feinmaschiges Sieb, Passiertuch oder Nussmilchbeutel filtern.

KOMPLETT ZUCKERFREI?

Wenn du nicht möchtest, dass deine Hafermilch nach der Fermentation süß schmeckt, kannst du online auch eine Enzymlösung speziell für Hafermilch kaufen, die nur Amylasen enthält, die die Stärke nicht in Zucker spalten.

*Glutenfrei bei Verwendung von glutenfreiem Hafer

HIRSEMILCH STATT REISMILCH

Reismilchfans werden auch Hirsemilch mögen. Sie schmeckt ebenfalls relativ neutral, durch die Fermentation natürlicherweise süß und ist nicht so cremig. Wie Reismilch schäumt auch Hirsemilch nicht.

Glutenfrei, sojafrei, nussfrei

120–140 g Hirse

1,1 l Wasser

¼ TL Salz

15 ml (1 EL) Sonnenblumenöl

Enzymlösung

Zusätzliches Equipment

Thermometer

TIPP
Wenn du nur Hirse aus China bekommst, kannst du auch nach Bio-Reis aus Italien Ausschau halten und die Hirse in diesem Rezept 1:1 gegen den zumindest europäischen Reis austauschen.

- Hirse und Wasser in einem Topf zusammen aufkochen, sofort die Temperatur herunterregeln und 5 Minuten auf kleiner Flamme köcheln lassen.
- Herd ausschalten, den Topf auf der warmen Herdplatte stehen lassen und die Hirse mit geschlossenem Deckel 30 Minuten quellen lassen.
- **Hitzebeständiger Mixbehälter:** Die noch heiße, gekochte Hirse mit dem Kochwasser, Salz und Öl in den Mixer geben. Dabei kühlt alles sofort auf unter 90 °C ab. Auf höchster Stufe 30–60 Sekunden mixen. **Ohne hitzebeständigen Mixbehälter:** Die gekochte Hirse abkühlen lassen, mit Salz und Öl auf höchster Stufe für 30–60 Sekunden mixen und im Topf kurz aufkochen.
- Die Temperatur mit einem Thermometer kontrollieren und die Enzymlösung nach Herstellerangaben (meist bei ca. 70 °C) dazugeben. Nach Herstellerangaben fermentieren (meist rund 1 Stunde). **Tipp:** Sollte eure Milch beim Fermentieren zu schnell abkühlen (z. B. durch niedrige Raumtemperatur), könnt ihr den Behälter mit der Milch in eine Jacke wickeln.
- Falls nicht bereits abgesiebt, durch feinmaschiges Sieb, Passiertuch oder Nussmilchbeutel filtern.

BARISTA-MILCH AUS HAFER UND DINKEL

Für die Home-Baristas: Lecker, cremig, aber nur für einfache Latte-Art geeignet.

Sojafrei, nussfrei

70 g Haferflocken, grob oder fein

50 g Dinkelmehl Type 630, alternativ Dinkelflocken

15–30 ml (1–2 EL) Sonnenblumenöl

¼ TL Salz

1 l kochendes Wasser

Enzyme nach Herstellerangabe

↻ Haferflocken, Dinkelmehl, Öl und Salz in den **hitzebeständigen Mixbehälter** geben und mit kochendem Wasser übergießen. Dabei kühlt das Wasser sofort auf unter 90 °C ab. Auf höchster Stufe 30–60 Sekunden mixen. **Ohne hitzebeständigen Mixbehälter:** Alle Zutaten mit kaltem Wasser 30–60 Sekunden auf höchster Stufe mixen, absieben und im Topf kurz aufkochen.

↻ Die Temperatur kontrollieren und die Enzymlösung nach Herstellerangaben (meist bei ca. 70 °C) dazugeben. Nach Herstellerangaben fermentieren (meist rund 1 Stunde). **Tipp:** Sollte eure Milch beim Fermentieren zu schnell abkühlen (z. B. durch niedrige Raumtemperatur), könnt ihr den Behälter mit der Milch in eine Jacke wickeln.

↻ Falls nicht bereits abgesiebt, durch Passiertuch oder Nussmilchbeutel filtern.

BARISTA-MILCH AUS HAFER UND SOJA

Die Zugabe von Soja lässt die Barista-Milch gut schäumen – damit lässt sich Latte-Art gießen. Sie schmeckt im Kaffee neutraler als reine Hafer- oder reine Sojamilch.

Glutenfrei, nussfrei

20 g getrocknete Sojabohnen

Wasser zum Einweichen

Wasser zum Kochen

100 g Haferflocken, grob oder fein

15–30 ml (1–2 EL) Sonnenblumenöl

¼ TL Salz

1 l frisches Wasser

Enzyme nach Herstellerangaben

Zusätzliches Equipment

Thermometer

☽ Sojabohnen mindestens 6 Stunden in Wasser einweichen.

☽ Das Einweichwasser abgießen und damit die Blumen wässern.

☽ Sojabohnen leicht mit Wasser bedeckt in einem Topf aufkochen und auf niedriger Stufe 30 Minuten köcheln lassen.

☽ In der Zwischenzeit Haferflocken, Öl und Salz in den Mixer geben.

☽ Die gekochten Sojabohnen abgießen und zu den anderen Zutaten in den Mixer geben. **Mit hitzebeständigem Mixbehälter:** Frisches Wasser aufkochen und zu den Zutaten in den Mixer geben. Das Ganze kühlt sofort auf unter 90 °C ab. 30–60 Sekunden auf höchster Stufe mixen. **Ohne hitzebeständigem Mixbehälter:** Den Mixer zuerst mit dem frischen Wasser (kalt) auffüllen, dann die gekochten Sojabohnen dazugeben und 30–60 Sekunden auf höchster Stufe mixen, absieben und im Topf kurz aufkochen.

☽ Die Temperatur mit einem Thermometer kontrollieren und die Enzymlösung nach Herstellerangaben (meist bei rund 70 °C) dazugeben.

☽ Falls nicht bereits abgesiebt, durch Passiertuch oder Nussmilchbeutel filtern.

An der Milchdüse geschäumt

Das ist kein Matcha-, sondern ein Hatcha-Latte aus deutschem Hanf.

LEVEL 3 LEGEND: BARISTA-MILCH

Jetzt kommen wir zur König:innendisziplin! Das sind schon echt hohe Ansprüche: Der Drink muss im Kaffee schmecken, darf nicht durch die Säure im Kaffee ausflocken (was bei viel Säure auch mit Kuhmilch passiert) und soll am besten so gut schäumen, dass sich damit Latte-Art gießen lässt. An den folgenden Barista-Rezepte habe ich lange gefeilt und sie an professionellem Equipment von einem richtigen Barista – danke, Milo! – testen lassen.

FEATURE

WARUM LECITHIN?

Lecithin ist ein wichtiger Baustein von Nervenzellen und wird flüssig, aber auch in Pulver- oder Granulatform als Nahrungsergänzungsmittel in Drogerien und Reformhäusern verkauft. Dabei richtet sich das Marketing vorrangig an Kinder und ältere Menschen, um die Hirnleistung und das Denkvermögen zu steigern beziehungsweise zu erhalten. Wissenschaftlich nachgewiesen ist das allerdings nicht. Sojabohnen und anderen Hülsenfrüchten wie auch Vollkornprodukte, Nüsse, Gemüse und viele tierische Produkte haben natürlicherweise einen hohen Lecithingehalt. Bei einer vegetarischen oder veganen Ernährung sind wir in der Regel ausreichend mit Lecithin versorgt und müssten es nicht supplementieren.[38]

Wozu brauchen wir Lecithin in veganer Milch?

Lecithin wird in der Lebensmittelindustrie als Zusatzstoff (E 322) eingesetzt, da es sowohl als Emulgator als auch als Stabilisator und Antioxidationsmittel wirkt. Als Stabilisator sorgt Lecithin dafür, dass die Milch sich weniger (schnell) trennt. Als Emulgator dafür, dass sich die Fett- und Wasserbestandteile in der veganen Milch miteinander verbinden. Das hat im Milchdrink gleich mehrere Effekte: Die Milch flockt nicht so leicht im Kaffee aus, lässt sich schön schäumen und schmeckt noch cremiger.

Für viele unkompliziertere Verwendungen von veganen Milchdrinks wie zum Backen, für Müsli und im Kakao benötigen wir kein Lecithin. Ganz anders sieht es bei Kaffee aus.

Was erwarten wir von Barista-Versionen?

Von Barista-Sorten erwarten wir, dass sie sich beim Schäumen und auch im Kaffee im Grunde wie Kuhmilch verhalten. Auch ein stärkerer Eigengeschmack der pflanzlichen Milchbasis ist meistens unerwünscht, denn hier ist Kuhmilch als geschmacklicher Maßstab fest etabliert. Das geht so weit, dass der Geschmack von Kuhmilch als neutral empfunden wird, obwohl er es natürlich nicht ist.

Daher versuchen Hersteller, ihre Barista-Versionen nicht nur hinsichtlich der bereits genannten Eigenschaften an Kuhmilch anzulehnen, sondern auch die Nährstoffzusammensetzung wie Fett- und Zuckergehalt anzupassen.

Kuhmilch enthält natürlicherweise Milchzucker – und gar nicht so wenig. Umgerechnet rund elf bis sechzehn Stück Würfelzucker pro Liter. Vegane Barista-Sorten sind da mit ungefähr acht bis zehn Stück pro Liter sparsamer. Bei den Rezepten hier im Buch ist der Zuckerzusatz optional und liegt bei nur fünf bis sechs Stück Würfelzucker pro Liter.

Das Gleiche gilt für den Fettgehalt. Bei Vollmilch liegt er bei rund 3,5 % und bei fettarmer Kuhmilch bei 1,5–1,8 %. Auf so viel Fett kommt vegane Milch selbst bei der Verwendung von Nüssen als Milchbasis oft nicht. Deshalb stehen oft pflanzliche Öle auf der Zutatenliste. Und auch zu meinen Barista-Rezepten wird Sonnenblumenöl dazugegeben, da die vegane Milch im Kaffee sonst sehr wässrig schmecken würde.

Und da schließt sich der Kreis, denn bei höherem Fettanteil in der pflanzlichen Milch brauchen wir wieder einen Emulgator – genau, Lecithin –, damit nicht etwa Fettaugen auf unserer Milch schwimmen.

Ist Lecithin in Barista-Versionen also unumgänglich?

Ja und nein. Wenn wir absolut keine Abstriche bei den oben genannten Eigenschaften in unserem Kaffee-Milchgetränk machen wollen, dann ja. Aber das heißt nicht, dass wir Lecithin als *Zusatzstoff* zugeben müssen. Lecithin ist natürlicherweise in Sojabohnen enthalten. Das bedeutet, dass in sojabasierten Barista-Sorten keine weitere Lecithin-Zugabe nötig ist. Leider funktioniert das in der Praxis nicht mit Sonnenblumenkernen, obwohl diese ebenfalls natürlicherweise recht viel Lecithin enthalten.

Wenn Dinkel als eine von mehreren Milchbasiszutaten zum Einsatz kommt, muss ebenfalls nicht zwangsläufig Lecithin zum Einsatz kommen. Denn mit Enzymen fermentiert schäumt die Milch durch die Dinkelzugabe sehr gut. Allerdings verbessert auch hier die Zugabe von Lecithin die dinkelhaltige Barista-Milch enorm und sorgt dafür, dass sie weniger ausflockt (ein großes Problem bei reiner Dinkelmilch im Kaffee) und cremiger schmeckt.

Deswegen wirst du bei den Level 3 Barista-Rezepten kein Rezept ohne Lecithin finden. Wenn du auf keinen Fall Lecithin zugeben möchtest und dafür auch kleinere Abstriche in Sachen Cremigkeit und Konsistenz in Kauf nimmst, findest du dafür Rezepte auf Seite 68 und 70.

Worauf muss ich beim Kauf von Lecithin achten?

Für unsere Rezepte brauchen wir Lecithin in Pulver- oder Granulatform statt in der schwieriger zu dosierenden flüssigen Form. Wir benötigen nämlich jeweils nur ganz wenige Gramm (3 bis 4 Gramm pro Liter).

Bei Lecithin als Nahrungsergänzungsmittel handelt es sich in den überwiegenden Fällen um reines Sojalecithin. Dabei lohnt sich der Blick aufs Kleingedruckte, denn auch wenn in der EU kein genmanipuliertes Soja angebaut werden darf, ist es erlaubt, importiertes Gen-Soja zu verarbeiten. Das muss aber deklariert werden.

Wenn du außerdem Wert auf Bioqualität legst oder gegen Soja allergisch bist und daher lieber Sonnenblumenkernlecithin möchtest, kommst du leider an einer Online-Bestellung nicht vorbei. Und in allen Fällen, also egal ob vor Ort oder online eingekauft, wirst du nicht recycelbaren Verpackungsmüll verursachen. Denn in Trockenform wird Lecithin immer in sogenannten Verbundverpackungen verkauft, also Verpackungen, in denen mehrere Stoffe wie Aluminium und Kunststoffe fest miteinander verbunden sind. Es ist im Grunde unmöglich, nach der Entsorgung diese Stoffe maschinell wieder voneinander zu trennen. Das wäre aber nötig, um sie zu recyceln.

Womit ich mich als Zero Wasterin tröste: Da pro Liter Milchdrink nur ungefähr 3–4 Gramm benötigt werden, reicht eine reguläre Packung (250 bis 300 Gramm) für bis zu 100 Liter Barista-Milch. Das ist also immer noch sehr viel eingesparter Verpackungsmüll.

GRUNDREZEPT: BARISTA-MILCH

100–120 g Milchbasis, es können mehrere Basiszutaten gemischt werden

1 l Wasser

15–30 ml (1–2 EL) Sonnenblumenöl

Zum Schäumen: entweder 1½ TL (3 g) Lecithin (Pulver oder Granulat) oder 300 ml Wasser durch Aquafaba* ersetzen
Optional, wenn Soja, Dinkel oder Erbse eingesetzt werden, da diese Zutaten natürlicherweise gut schäumen. ACHTUNG: Lecithin ist gleichzeitig Schaumhilfe und Stabilisator, während Aquafaba nur beim Schäumen hilft und einen leichten Eigengeschmack mitbringt, der nicht zu allen Kaffeesorten passt.

Enzyme nach Herstellerangaben oder 30 g enzymaktives Backmalz
Nur nötig bei Hafer, Dinkel, Hirse, Buchweizen, Erbse, ansonsten weglassen

Stabilisator (optional): 10–25 g Hafer

- ⊙ Die genaue Zubereitung hängt von der Auswahl der Basiszutaten ab, denn einige Zutaten müssen gekocht, andere fermentiert werden. Dabei ist es egal, ob die Zutat als Haupt- oder Nebenzutat vorkommt.

- ⊙ **Haselnüsse und Sonnenblumenkerne** müssen nicht erhitzt oder fermentiert werden.

- ⊙ Bei Einsatz von **Hafer**, **Dinkel**, **Erbse**, **Buchweizen oder Hirse** *muss* mit Enzymen (als Lösung oder Backmalz) fermentiert werden. Du gehst genauso vor, wie auf Seite 62 beschrieben, wobei du vor dem Mixen noch Lecithin oder Aquafaba dazu gibst.

- ⊙ Wenn du **Hafer als Stabilisator** einsetzt, musst du beim Zusatz von Enzymen aufpassen, da sie die stabilisierende Wirkung aufheben. Wenn du also eine Haupt- oder Nebenbasis verwenden möchtest, die fermentiert werden muss, solltest du sie ohne den Hafer als Stabilisator fermentieren und nochmal 3–5 Minuten abkochen, um die Enzyme zu inaktivieren. Danach kannst du deine heiße Flüssigkeit mit dem Hafer als Stabilisator mixen.

- ⊙ Wenn **Soja** als Zutat zum Einsatz kommt, müssen die Bohnen vorher mindestens 6 Stunden eingeweicht und eine halbe Stunde gekocht werden. Weil beim langen Kochen Wasser verdampft, kannst du die Wassermenge anschließend mit kochendem oder abgekochtem Wasser auffüllen und danach die anderen Zutaten dazugeben. Nun alles mixen, ggf. fermentieren und nach dem Abkühlen ab sieben.

Gegossen von Barista Milo mit der Haselnuss-Hafer-Milch (Seite 80)

HAUPTBASIS

Diese Zutaten sollten mindestens zwei Drittel der Milchbasis ausmachen:
- **Hafer**: Nebenbasis optional
- **Hasel**: Nebenbasis optional
- **Soja**: Nebenbasis optional
- **Sonnenblumenkerne**: Stabilisator wie Lecithin oder Hafer nötig

WICHTIG: UNGEEIGNET ALS HAUPTBASIS:

- **Kürbiskerne**: Konsistenz zu dünn, Eigengeschmack zu stark
- **Hanfsamen**: Konsistenz zu dünn, Eigengeschmack passt nicht zu Kaffee
- **Walnuss**: Schäumt nicht, flockt sofort aus
- **Hirse**: Konsistenz zu dünn
- **Erbse**: Geschmacklich nicht überzeugend im Kaffee, schäumt aber sehr gut

NEBENBASIS

Als Nebenbasis eignen sich alle Zutaten, die sich auch als Hauptbasis eignen, plus:
- **Dinkel**: Gleichzeitig Schaummittel, zu viel davon verleiht dem Kaffee einen teigigen Geschmack
- **Erbse**: Gleichzeitig Schaummittel, aber sparsam einsetzen, da sie im Kaffee ungewollte Geschmacksnoten entwickeln kann
- **Buchweizen**: Nicht cremig, passt aber geschmacklich gut zu Kaffee
- **Hirse**: Nicht cremig, passt aber geschmacklich gut zu Kaffee

*AQUAFABA

Aquafaba ist das Einkochwasser von Kichererbsen. Es lässt sich wunderbar aufschlagen und ist daher ein beliebter Ei-Schaum-Ersatz. Falls du sowieso Kichererbsen kochst, kannst du das Kichererbsenwasser so noch weiterbenutzen, statt es wegzuschütten. Bei Kichererbsen im Glas oder aus der Dose ist die Flüssigkeit darin das Einkochwasser. Es gibt auch Kirchererbsen aus Deutschland.

OHNE FERMENTATION!

BARISTA-MILCH AUS HASELNUSS UND HAFER

Mit ihrem samtigen Milchschaum ist diese Barista-Milch perfekt für Latte-Art und schmeckt im Kaffee vollmundig und cremig mit etwas Nougat im Nachgang. Große Empfehlung auch im Eiskakao!

Glutenfrei*, sojafrei

....

80 g Haselnüsse, am besten gemahlen oder gehackt
....
20 g Haferflocken, grob oder fein
....
¼ TL Salz
....
15 ml (1 EL) Sonnenblumenöl
....
1½ TL (3 g) Lecithin (Pulver oder Granulat)
....
Optional: 20 g Zucker oder anderes Süßungsmittel
....
1 l kochendes Wasser
....

◔ **Mit hitzebeständigem Mixbehälter:** Haselnüsse, Haferflocken, Salz, Öl, Lecithin und ggf. Süßungsmittel in den Mixbehälter geben und mit kochendem Wasser übergießen. Dabei kühlt das Wasser sofort auf unter 90 °C ab und dickt den Hafer an, der hier gleichzeitig Stabilisator und Konsistenzgeber für mehr Cremigkeit ist. Auf höchster Stufe 30–60 Sekunden mixen. **Ohne hitzebeständigen Mixbehälter:** Alle Zutaten mit kaltem Wasser auf höchster Stufe für 30–60 Sekunden mixen, absieben und im Topf kurz aufkochen. Dabei dickt der Hafer die Milch ganz leicht ein.

◔ Falls nicht bereits abgesiebt, durch Passiertuch oder Nussmilchbeutel filtern.

*Glutenfrei bei der Verwendung von glutenfreiem Hafer

An der Milchdüse geschäumt

BARISTA-MILCH AUS SONNENBLUMENKERNEN UND HAFER

Diese Barista-Milch produziert einen dichten, seidigen Schaum – super für Latte-Art!

Glutenfrei*, sojafrei, nussfrei

60 g Sonnenblumenkerne

25 g Haferflocken, grob oder fein

¼ TL Salz

2 TL (4 g) Lecithin (Pulver oder Granulat)

20 ml (1 EL + 1 TL) Sonnenblumenöl

Optional: 20 g Zucker oder anderes Süßungsmittel

1 l kochendes Wasser

↻ **Mit hitzebeständigem Mixbehälter:** Sonnenblumenkerne, Haferflocken, Salz, Sonnenblumenöl, Lecithin und ggf. Süßungsmittel in den Mixbehälter geben und mit kochendem Wasser übergießen. Dabei kühlt das Wasser sofort auf unter 90 °C ab und dickt den Hafer an, der hier gleichzeitig Stabilisator und Konsistenzgeber für mehr Cremigkeit ist. Auf höchster Stufe 30–60 Sekunden mixen. **Ohne hitzebeständigen Mixbehälter:** Alle Zutaten mit kaltem Wasser auf höchster Stufe für 30–60 Sekunden mixen, absieben im Topf kurz aufkochen. Dabei dickt der Hafer die Milch ganz leicht ein.

↻ Falls nicht bereits abgesiebt, durch Passiertuch oder Nussmilchbeutel filtern.

An der Milchdüse geschäumt

*Glutenfrei bei der Verwendung von glutenfreiem Hafer

BARISTA-MILCH AUS HAFER WIE GEKAUFT

Diese Barista-Milch lässt sich sehr gut aufschäumen und schmeckt leicht getreidig im Kaffee, aber deutlich neutraler als die reguläre Hafermilch (Seite 64).

120 g Haferflocken, grob oder fein

¼ TL Salz

20 ml (1 EL + 1 TL) Sonnenblumenöl

1 ½ TL (3 g) Lecithin (Pulver oder Granulat)

1 l Wasser

Enzyme nach Herstellerangaben

KOMPLETT ZUCKERFREI?

Wenn du nicht möchtest, dass deine Hafermilch nach dem Fermentieren süß schmeckt, kannst du online auch eine Enzymlösung speziell für Hafermilch kaufen, die nur solche Amylasen enthält, die die Stärke nicht in Zucker spaltet.

⊘ Haferflocken, Salz, Sonnenblumenöl und Lecithin in den **hitzebeständigen Mixbehälter** geben und mit kochendem Wasser übergießen. Dabei kühlt das Wasser sofort auf unter 90 °C ab. Auf höchster Stufe 30–60 Sekunden mixen. **Ohne hitzebeständigen Mixbehälter:** Alle Zutaten mit kaltem Wasser auf höchster Stufe für 30–60 Sekunden mixen, absieben und im Topf kurz aufkochen.

⊘ Die Temperatur kontrollieren und die Enzymlösung nach Herstellerangaben (meist bei ca. 70 °C) dazugeben. Nach Herstellerangaben fermentieren (meist rund 1 Stunde). **Tipp:** Sollte eure Milch beim Fermentieren zu schnell abkühlen (z. B. durch niedrige Raumtemperatur), könnt ihr den Behälter mit der Milch in eine Jacke wickeln.

⊘ Falls nicht bereits abgesiebt, durch Passiertuch oder Nussmilchbeutel filtern.

An der Milchdüse geschäumt

BARISTA-MILCH AUS HAFER UND SONNEN-BLUMENKERNEN

Diese Barista-Milch ist eine kleine Verbesserung gegenüber der Barista-Milch aus reinem Hafer (Seite 84), die sich an gekaufte Barista-Hafermilchsorten anlehnt. Sie hat eine sehr schöne weiße Farbe und ist etwas vollmundiger.

Glutenfrei*, sojafrei, nussfrei

100 g Haferflocken, grob oder fein

10 g Sonnenblumenkerne

¼ TL Salz

15 ml (1 EL) Sonnenblumenöl

1½ TL (3 g) Lecithin (Pulver oder Granulat)

1 l kochendes Wasser

Enzymlösung nach Hersteller- angaben

◠ Haferflocken, Sonnenblumenkerne, Salz, Öl und Lecithin in den **hitzebeständigen Mixbehälter** geben und mit kochendem Wasser übergießen. Dabei kühlt das Wasser sofort auf unter 90 °C ab. Auf höchster Stufe 30–60 Sekunden mixen. **Ohne hitzebeständigen Mixbehälter:** Alle Zutaten mit kaltem Wasser auf höchster Stufe für 30–60 Sekunden mixen, absieben und im Topf kurz aufkochen.

◠ Die Temperatur kontrollieren und die Enzymlösung nach Herstellerangaben (meist bei ca. 70 °C) dazugeben. Nach Herstellerangaben fermentieren (meist rund 1 Stunde). **Tipp:** Sollte eure Milch beim Fermentieren zu schnell abkühlen (z. B. durch niedrige Raumtemperatur), könnt ihr den Behälter mit der Milch in eine Jacke wickeln.

◠ Falls nicht bereits abgesiebt, durch Passiertuch oder Nussmilchbeutel filtern.

*Glutenfrei bei der Verwendung von glutenfreiem Hafer

An der Milchdüse geschäumt

JOGHURT

Joghurt aus Kuhmilch gibt es oft auch in Pfandgläsern zu kaufen, veganen Joghurt hingegen fast ausschließlich in Einwegbechern aus Plastik. Der Preis zeigt auch, dass pflanzlicher Joghurt eher ein Luxusgut als ein Grundnahrungsmittel ist. Dabei ist es gar nicht schwer, Joghurt selbst zu machen und damit Geld und Verpackungsmüll einzusparen!

VEGANEN JOGHURT MACHEN

Die folgenden Dinge solltest du wissen, bevor du dich in das Abenteuer der Joghurt-Fermentation stürzt.

Fermentationsmethoden

Die Fermentationstemperatur für Joghurt liegt bei um die 40 °C. Joghurt benötigt mehrere Stunden für die Fermentation.

Elektrischer Joghurtmacher

Elektrische Joghurtmacher nutzen Strom, um die Temperatur konstant zu halten. Secondhand bekommt man sogar noch funktionierende (oft unbenutzte) Schätzchen aus den 70er- und 80er Jahren.

Joghurtmacher ohne Strom

Stromlose Joghurtmacher sind wie Kühlboxen konstruiert. Die Joghurtmasse wird in einen Innenbehälter gefüllt, der in einen isolierten Behälter mit heißem Wasser gestellt wird. Ganz ohne Energiezufuhr kommen also auch diese Joghurtmacher nicht aus, denn das Wasser zum Warmhalten muss natürlich vorher erhitzt werden. Aber sie haben keine Elektronik – und das ist nachhaltig!

Ofenmethode

Hier kommt der Joghurt zum Fermentieren in den Ofen, der auf 40 °C gestellt wird. Leider sind Öfen meist sehr schlecht isoliert, sodass viel Energie dabei verloren geht. Außerdem haben viele Öfen keine sehr gute Temperaturkontrolle, sodass der Ofen viel heißer als 40 °C werden kann und so die Joghurtkulturen abtötet.

Thermoskanne

Ich mache schon seit Jahren Joghurt in meiner Thermoskanne. Ich wärme die Thermoskanne mit heißem Wasser auf, womit ich mir danach Tee zubereite. Leider ist es etwas mühsam, den Joghurt aus der kleinen Öffnung zu bekommen und die Kanne danach zu reinigen.

Im Bett

Zum Warmhalten kann man auch einfach den Topf mit dem 40 °C warmen Joghurt im Bett unter die (dicke) Bettdecke stellen. Nachteil: Kann das Bett über Nacht belegen.

Kulturen brauchen unterschiedliche Nährstoffe für die Fermentation. Wenn du also deinen Haferjoghurt mit gekauftem Haferjoghurt ansetzt, ist die Wahrscheinlichkeit höher, dass die Kulturen im gekauften Haferjoghurt mit den Nährstoffen im Hafer zurechtkommen.

Konsistenz

Vegane Milchsorten sind von den Inhaltsstoffen her anders zusammengesetzt als Kuhmilch, was Fermentationsprozesse verändert und sich auf die Konsistenz des Joghurts auswirkt. Bis auf Sojajoghurt müssen daher Verdickungsmittel eingesetzt werden, damit kein flüssiger Joghurtdrink entsteht.

Überimpfen

Einen Joghurt zu überimpfen bedeutet, dass du Joghurt verwendest, um damit neuen Joghurt anzusetzen. Das geht nicht unendlich oft, denn irgendwann sind entweder nicht mehr genug Kulturen im Joghurt, um daraus neuen machen zu können, oder das Aroma wird unausgewogen, weil nur bestimmte Kulturen überleben. Bei Joghurtfermenten steht meistens auf der Verpackung, wie viele Generationen Joghurt du daraus machen kannst. Bei gekauftem Joghurt bekommst du zumindest nach meiner Erfahrung nur wenige Generationen raus.

Ist Joghurt oder Joghurtferment als Starter besser?

Meiner Erfahrung nach ist Joghurtferment gelingsicherer und führt zu einem konsistenteren Ergebnis. Gekaufter Naturjoghurt enthält manchmal nicht mehr so viele lebendige Kulturen und ihre Anzahl nimmt noch dazu mit der Zeit im Kühlschrank ab, sodass man gegebenenfalls gar keinen Joghurt mehr daraus machen kann. Der Nachteil von veganem Joghurtferment ist, dass man es fast immer online kaufen muss.

Wenn du gekauften veganen Naturjoghurt einsetzen möchtest, kauf am besten Joghurt mit einem intensiven Geschmack. Es hilft auch, Joghurt auf der gleichen Basis zu verwenden. Verschiedene

Haltbarkeit

Das hängt etwas davon ab, wie hygienisch du arbeitest. Generell ist der Joghurt gekühlt ungefähr eine Woche haltbar.

GRUNDREZEPT: VEGANER JOGHURT

Wer sagt, dass veganer Joghurt nur aus einer Basiszutat bestehen kann? Lass deiner Kreativität freien Lauf – aber am besten erst, nachdem du einige der anderen Joghurtrezepte in diesem Buch ausprobiert hast.

Pflanzenmilch: 500 ml Wasser und 50–100 g Basiszutat(en), alternativ fertigen Milchdrink.
Je mehr von der Basiszutat du verwendest, desto cremiger wird der Joghurt

Fermentationshelfer: 10–15 g Zucker
Der Zucker unterstützt als Futter für die Bakterienkulturen die Fermentation

Verdickungsmittel: 1 EL Kartoffel- oder Maisstärke
zum Eindicken, damit kein Joghurtdrink entsteht (bei Soja oder Hafer als Basis optional)

Starter: 75 g gekauften oder selbstgemachten veganen Naturjoghurt auf Zimmertemperatur oder veganes Joghurtferment nach Herstellerangaben

Zusätzliches Equipment

Optional (aber sehr nützlich): Thermometer

> **WICHTIG**
> Je älter ein Starter, desto weniger effektiv ist er.

- ↻ Wasser, Basiszutat(en), Zucker und Stärke in den Mixer geben und 30–60 Sekunden auf höchster Stufe laufen lassen und dann absieben. **Bei Verwendung von fertiger Milch:** Mit einem Schneebesen die Milch mit Zucker und Stärke vermischen. **Tipp:** Du kannst auch fertige Milchsorten mischen.
- ↻ In einem Topf unter ständigem Rühren aufkochen. Dabei dickt die Stärke die Milch an und es werden unerwünschte Bakterien abgetötet, die die Fermentation stören könnten.
- ↻ Die eingedickte Milch auf rund 40 °C abkühlen lassen. Am besten lässt sich das mit einem Thermometer kontrollieren. Zur Not kann die Temperatur mit einem (sauberen!) Finger überprüft werden. Die Milch sollte nur etwas wärmer als Körpertemperatur sein.
- ↻ Den Starter einrühren.
- ↻ Den Joghurt 10–16 Stunden fermentieren lassen. Dabei sollte er auf ungefähr 40 °C gehalten werden. Nachhaltige Optionen sind das Einfüllen in eine Thermoskanne oder die Verwendung eines am besten stromfreien Joghurtmachers (Seite 39 und 90).
- ↻ Joghurt nach 8–10 Stunden das erste Mal kontrollieren. Der Joghurt ist fertig, wenn er für dich stark genug nach Joghurt schmeckt. Je langer er fermentiert wird, desto intensiver und säuerlicher wird er schmecken.
- ↻ Fertigen Joghurt im Mixer kurz auf niedriger Stufe mixen und kühlen.

ALS HAUPTBASIS GEEIGNET

Die Hauptbasis sollte mindestens zwei Drittel der Basiszutaten ausmachen.
- **Haselnüsse**: Ergibt sehr cremigen Joghurt
- **Sonnenblumenkerne**: Ergibt sehr cremigen Joghurt
- **Haferflocken**: Höhere Menge nehmen, da von Natur aus nicht so cremig, ggf. Öl dazugeben
- **Walnüsse**: Setzt sich stärker ab, färbt Milch leicht bräunlich

NUR ALS NEBENBASIS GEEIGNET

Die meisten Getreide- und Pseudogetreidesorten außer **Hafer**: Meist nicht cremig genug für Joghurt oder schmecken in ausreichender Menge zu getreidig; müssen nicht fermentiert werden.

EMPFEHLUNG:

Beim Kombinieren erst mal mit nur zwei Zutaten anfangen und kennenlernen, wie sie sich verhalten.

SOJAJOGHURT

Der Klassiker, der am vielfältigsten (z. B. für Quark, Seite 114) weiterverarbeitet werden kann!

Glutenfrei, nussfrei

....

70 g geschälter Soja, getrocknet

....

Wasser zum Einweichen

....

550 ml frisches Wasser

....

Optional (aber gelingsicherer mit): 10 g Zucker
Optional, weil Soja generell gut von den Joghurtkulturen fermentiert werden kann

....

Starter: 75 g veganer Naturjoghurt auf Zimmertemperatur oder veganes Joghurtferment nach Herstellerangaben

....

TIPP

Falls du sowieso Kombucha zuhause machst, kannst du als Starter auch einen kleinen Scoby statt Naturjoghurt oder Joghurtferment verwenden. Das funktioniert aber nur mit Soja-Joghurt.

TIPP

Sojamilch flockt wie Kuhmilch bei zu viel Säure aus und lässt sich genauso schäumen.

- Sojabohnen mindestens 6 Stunden einweichen.
- Einweichwasser abgießen und damit die Blumen wässern.
- Mit frischem Wasser und ggf. Zucker im Mixer für 30–60 Sekunden mixen und dann durch ein feinmaschiges Sieb oder einen Nussmilchbeutel absieben.
- In einen Topf geben und unter Rühren aufkochen (Achtung: kocht schnell über), und auf niedriger Stufe 30 Minuten bei geschlossenem Deckel köcheln. Dabei immer wieder mal umrühren.
- Die Sojamilch auf rund 40 °C abkühlen lassen. Am besten lässt sich das mit einem Thermometer kontrollieren. Zur Not kann die Temperatur mit einem (sauberen!) Finger überprüft werden. Die Milch sollte nur etwas wärmer als Körpertemperatur sein.
- Starter einrühren.
- Joghurt 10–16 Stunden fermentieren lassen. Dabei sollte er auf ungefähr 40 °C gehalten werden. Nachhaltige Optionen sind das Einfüllen in eine Thermoskanne oder die Verwendung eines am besten stromfreien Joghurtmachers (Seite 90).
- Den Joghurt nach 8 Stunden das erste Mal kontrollieren. Der Joghurt ist fertig, wenn er leicht fest geworden ist und für dich stark genug nach Joghurt schmeckt. Je länger er fermentiert wird, desto intensiver und säuerlicher wird er schmecken.
- Der gestockte Joghurt kann als stichfester Joghurt serviert werden. Für cremigen Joghurt den Joghurt noch mal gut umrühren, ggf. im Mixer auf niedriger Stufe kurz mixen und kühlen.

Gut zu wissen

- Wenn Sojajoghurt zu lange fermentiert, setzt sich oben Molke ab. Das ist nicht schlimm. Du kannst den Joghurt durch ein Passiertuch filtern und die gesunde Molke für Smoothies, Dressings, Kuchen- oder Brotteige verwenden.
- Sojamilch ist die einzige Pflanzenmilch, die bei der Joghurt-Fermentation von selbst eindickt und bei der sich bei zu langer Fermentation Molke absetzt.

JOGHURT-FAVORITEN

Die folgenden Joghurt-Sorten mache ich am liebsten! Die Zutaten unterscheiden sich, aber die Zubereitungsweise ist immer die Gleiche.

Haferjoghurt
Glutenfrei*, sojafrei, nussfrei

....

100 g Haferflocken, grob oder fein

....

10 g Zucker (hilft beim Fermentieren)

....

500 ml Wasser

....

Starter: 75 g veganer Naturjoghurt auf Zimmertemperatur oder veganes Joghurtferment nach Herstellerangaben

....

Haselnussjoghurt
Glutenfrei, sojafrei

....

60 g Haselnüsse, am besten gemahlen oder gehackt

....

10 g Zucker (hilft beim Fermentieren)

....

500 ml Wasser

....

15 g Kartoffel- oder Maisstärke

....

Starter: 75 g veganer Naturjoghurt auf Zimmertemperatur oder veganes Joghurtferment nach Herstellerangaben

....

Hier machen wir uns die Eigenschaft von unfermentierter Hafermilch zunutze, bei Hitzezufuhr einzudicken, um cremigen Joghurt herzustellen!

- Alle Zutaten außer den Starter in den Mixer geben und 30–60 Sekunden auf höchster Stufe mixen.
- Durch feinmaschiges Sieb, Passiertuch oder Nussmilchbeutel absieben.
- Im Topf unter Rühren aufkochen. Dabei dickt die Masse ein.
- Die eingedickte Masse auf rund 40 °C abkühlen lassen. Am besten lässt sich das mit einem Thermometer kontrollieren. Zur Not kann die Temperatur mit einem (sauberen!) Finger überprüft werden. Die Milch sollte nur etwas wärmer als Körpertemperatur sein.
- Starter einrühren.
- Joghurt nun 10–16 Stunden fermentieren lassen. Dabei sollte er auf ungefähr 40 °C gehalten werden. Nachhaltige Optionen sind das Einfüllen in eine Thermoskanne oder die Verwendung eines am besten stromfreien Joghurtmachers (Seite 90).
- Den Joghurt nach 8 Stunden das erste Mal kontrollieren und dabei ruhig einen Löffel probieren. Der Joghurt ist fertig, wenn er leicht fest geworden ist und für dich stark genug nach Joghurt schmeckt. Je länger er fermentiert wird, desto intensiver und säuerlicher wird er schmecken.
- Fertigen Joghurt im Mixer auf niedriger Stufe kurz mixen und kühlen.

Joghurt aus Sonnenblumenkernen und Hafer

Glutenfrei[*], sojafrei, nussfrei

60 g Sonnenblumenkerne

10 g Haferflocken, grob oder fein

10 g Zucker (hilft beim Fermentieren)

500 g Wasser

10 g Kartoffel- oder Maisstärke

Starter: 75 g veganer Naturjoghurt auf Zimmertemperatur oder veganes Joghurtferment nach Herstellerangaben

*Glutenfrei bei Verwendung von glutenfreiem Hafer

TROUBLESHOOTING JOGHURT

Es hat keine Fermentation stattgefunden

Das kann mehrere Gründe haben.

1. Nicht genug lebendige Kulturen

Bei gekauftem veganen Naturjoghurt kann es vorkommen, dass entweder von Anfang an nicht mehr genug aktive Kulturen enthalten waren oder diese durch eine längere Lagerung nicht mehr aktiv sind. Achte darauf, dass du intensiv schmeckenden Joghurt nimmst, dessen Mindesthaltbarkeitsdatum möglichst weit in der Zukunft liegt.

Bei gekauftem Joghurtferment kann dies passieren, wenn du Ferment aus einer angebrochenen Tüte verwendest, es schon länger abgelaufen ist oder falsch (beispielsweise in der Sonne) gelagert wurde. Manchmal hilft dann eine längere Fermentationsdauer, um den Bakterien mehr Zeit zu geben, sich zu vermehren.

2. Noch nicht lange genug fermentiert

Es kann aber auch einfach sein, dass noch nicht genug Zeit verstrichen ist und eine längere Fermentation das Problem noch löst.

3. Milch zu heiß oder zu kalt

Ab 50 °C sterben die Kulturen ab. Es ist also sehr wichtig, den Starter nicht in zu heiße Milch einzurühren. Auch wenn die Milch zu kalt ist, können die Bakterien nicht arbeiten. Das ist vor allem wichtig bei stromfreien Fermentationsmethoden, da die Masse nicht auf die korrekte Temperatur aufgewärmt wird.

Bei der Zugabe vom Naturjoghurt als Starter kühlt meine Joghurtmasse zu stark ab

Es ist wirklich wichtig, dass der Naturjoghurt Zimmertemperatur hat, weil er sonst die Joghurtmasse stark abkühlt. Fülle am besten die heiße Milch noch vor dem Abkühlen in das Gefäß, in dem es später fermentieren soll, anstatt alles nach dem Einrühren der Joghurtmasse umzufüllen. Denn beim Umfüllen gehen immer noch mal einige Grad verloren.

Die Konsistenz soll flüssiger oder stichfester sein

Außer bei Sojajoghurt sollte sich die Konsistenz der Masse vor und nach der Fermentation nicht unterscheiden, denn sie wurde ja schon beim Abkochen angedickt. Du kannst die Konsistenz deinen Vorlieben anpassen, indem du mehr oder weniger Stärke beziehungsweise Hafer verwendest.

Es bildet sich beim Abkühlen eine Haut

Das ist leider normal, weil in den Rezepten der Regionalität zuliebe Kartoffel- beziehungsweise Maisstärke zum Einsatz kommt. Im Grunde kochen wir nämlich erst einen Pudding, dem wir dann Joghurtkulturen zusetzen. Da nach der Fermentation der Joghurt sowieso im Mixer noch mal kurz gemixt wird, macht das aber nichts.

Der Joghurt schmeckt nicht cremig genug

Wie die Milchsorten aus (Pseudo-)Getreide ist auch Joghurt aus den gleichen Basiszutaten nicht so cremig. Für mehr Cremigkeit kannst du neben (Pseudo-)Getreide auch Kerne oder Nüsse verarbeiten oder einen Esslöffel Öl dazugeben.

Der Joghurt ist zu sauer

Je länger du den Joghurt fermentieren lässt, desto mehr Milchsäurebakterien enthält er. Das bedeutet nicht, dass der Joghurt schlecht geworden ist, sondern nur, dass er eine hohe Dichte an guten Joghurtkulturen hat. Du kannst ihn einfach mit etwas Milch verdünnen, einen Dip daraus machen oder ihn als sehr effektiven Starter für deine nächste Joghurt-Generation verwenden.

Wenn du ihn nicht mit Milch verdünnen willst, weil dir die Konsistenz dann zu flüssig wird, kannst du auch Milch mit Stärke (1 g Stärke auf 100 ml) unter Rühren aufkochen, abkühlen lassen und dann mit dem zu sauren Joghurt vermischen.

Kann ich auch Joghurt mit Geschmack zum Fermentieren nehmen?

Nein, es muss auf jeden Fall Naturjoghurt sein. Die Zugabe von Früchten, Marmelade oder anderen Zutaten kann die Fermentation durcheinanderbringen, sodass sich nicht mehr (nur) die erwünschten Bakterien vermehren.

TRESTER NUTZEN #LOVEFOOD-HATEWASTE

Die nahrhaften Reste im Sieb, Tuch oder
Beutel werden Trester genannt – und daraus
kann man richtig viel machen! Ist es nicht
cool, dass du nach der Herstellung deiner
eigenen pflanzlichen Milch nicht nur Milch
hast, sondern auch noch zusätzlich etwas,
das du vielseitig einsetzen kannst? Solange du sie nicht wie ich es oft tue, direkt im
Anschluss wegnaschst ...

SO VIELFÄLTIG IST TRESTER!

Es wäre viel zu schade, den wertvollen Rest im Sieb, Tuch oder Beutel einfach wegzuwerfen! Ich freue mich immer richtig, dass bei der Herstellung meiner eigenen, gesunden Milch immer noch zusätzlich was abfällt!

Direkt naschen

Wir machen zuhause viel Hafermilch und mein Partner und ich streiten uns fast schon darum, wer den Trester danach snacken darf. Ein paar Rosinen dazu, etwas Zimt drüber – köstlich! Das geht natürlich nicht, wenn du Zutaten verwendest, die abgekocht werden müssen, du die Milch aber vor dem Abkochen abgesiebt hast. In diesen Fällen muss der Trester auch erst gekocht werden, um genießbar zu sein.

Im Müsli oder im Teig

Oft wirst du wahrscheinlich Milch machen, weil du sie für dein Müsli oder einen Teig brauchst. In diesen Fällen kannst du dir das Absieben von vornherein sparen oder Trester von einer vorherigen Milchherstellung einfach mit in den Teig geben. In der Regel verändert der leicht feuchte Trester die Konsistenz des Teiges für deinen Kuchen, deine Kekse, Waffeln oder deine Pfannkuchen kaum. Falls dein Teig dadurch etwas trockener geworden ist, kannst du einfach einen Schuss Milch als Ausgleich dazugeben. Du kannst Treter sogar zu deinen Brotteigen geben.

In Smoothies oder Shakes

In Smoothies und Shakes ist Trester eine gute Nährstoffergänzung, und macht Smoothies und Shakes sättigender, dickflüssiger und voller.

Frischkäse daraus machen

Aus dem Trester von Kernen, Nüssen und Soja kann in Handumdrehen Frischkäse gemacht werden. Dafür etwas Apfelessig oder Zitronensaft

(leider nicht regional) dazugeben und mit Salz, Pfeffer, Hefeflocken und anderen Gewürzen oder frischen Kräutern abschmecken.

In Suppen, Soßen, Aufstrichen, Aufläufen, Quiche, Bratlingen...

In kleineren Mengen kannst du Trester auch in Gerichten „verstecken", also dazugeben, ohne dass man ihn wirklich rausschmeckt oder er die Konsistenz verändert.

Trester-Rezepte finden

Auf den nächsten Seiten findest du Rezepte für Bratlinge und Müsliriegel aus Trester. Im Internet wirst du unter „Okara Rezepte" oder „Trester Rezepte" zahlreiche weitere Möglichkeiten finden. Noch ausgefallenere Rezeptideen wirst du auf Englisch unter dem Suchbegriff „okara recipes" finden. Bei den Rezepten kannst du Okara einfach gegen den Trester, den du gerade zur Hand hast, austauschen. Was bitte schön Okara ist, erfährst du übrigens im Feature auf den nächsten Seiten!

TIPP
Keine Zeit, den Trester direkt zu verarbeiten? Du kannst ihn für später einfrieren oder trocknen.

FEATURE

OKARA

Okara (おから) auf Japanisch, Douzha (豆渣) auf Chinesisch oder Kongbiji (콩비지) auf Koreanisch ist der Trester, der bei der Herstellung von Sojamilch, aber auch Tofu anfällt. Im deutsch- und englischsprachigen Raum hat sich generell das japanische Wort „Okara" dafür durchgesetzt, doch der Soja-Trester ist in vielen Teilen Ostasiens Bestandteil der traditionellen Küchen.

Der Bohnen-Trester ist ein nährstoffreiches und wertvolles Lebensmittel. Es ist arm an Kohlenhydraten, reich an Ballaststoffen und besteht sogar bis zu einem Viertel aus hochwertigen Proteinen und zu 10–15 % aus Fetten.[39] Obwohl es ein wertvolles Nahrungsmittel ist, wird das Soja-Nebenprodukt aus der Industrie in westlichen Ländern in der Regel als Tiernahrung oder Dünger eingesetzt und landet neuerdings auch in Biogasanlagen. Mit steigendem Konsum von Milchalternativen gibt es aber mehr und mehr Forschung dazu mit dem Ziel, Okara auch für den menschlichen Konsum einzusetzen und generell besser zu verwerten.[40]

OKARA-BRATLINGE

Ergibt 10 Bratlinge

1 mittelgroße Zwiebel

200 g eher bissfestes Gemüse der Saison, z. B. Kohl, Möhren, Pastinaken

2 große festkochende oder vorwiegend festkochende Kartoffeln

Okara von 1 l Sojamilch

Salz und Pfeffer

Optional: Geräuchertes Paprikagewürz

3 EL Dinkelmehl, Type nach eigenen Vorlieben wählbar

1½ TL Kartoffel- oder Maisstärke

Optional: 1 EL Pflanzenmilch, wenn der Teig so trocken ist, dass nicht alle Zutaten feucht werden können

Öl zum Anbraten und fürs Backblech

- Zwiebeln und Gemüse in Würfel schneiden.
- Die Kartoffeln raspeln und in eine Rührschüssel geben.
- In einer Pfanne die Zwiebeln in etwas Öl goldbraun anbraten und ebenfalls in die Rührschüssel geben.
- Danach das Gemüse in etwas Öl so lange anbraten, bis es etwas weicher ist. Ebenfalls in die Rührschüssel geben.
- Okara in die Rührschüssel geben und mit den geraspelten Kartoffeln, Zwiebeln und Gemüse verrühren. Mit Salz, Pfeffer und ggf. geräuchertem Paprikapulver abschmecken.
- Dinkelmehl und Kartoffelstärke dazugeben und alles verrühren, bis alle Zutaten feucht sind.
- Den Ofen auf 180 °C Umluft/Heißluft oder 200 °C Ober-/Unterhitze vorheizen.
- Mit zwei Esslöffeln den Teig auf ein gut geöltes oder mit einer Dauerbackmatte ausgelegtes Backblech geben und zu zehn Bratlingen formen.
- Auf mittlerer oder oberer Schiene 30–40 Minuten goldbraun backen. Nach 15–20 Minuten vorsichtig wenden.

MÜSLIRIEGEL MIT TRESTER

Diesen Müsliriegel kannst du mit jedem Trester verwenden, aber Okara oder Trester aus Nüssen oder Kernen geben ihm noch einen zusätzlichen Eiweiß-Kick.

Glutenfrei*, sojafrei**

Ergibt ½ Backblech

50 ml Sonnenblumenöl

60 g Zucker

Optional: 1 EL Apfel- oder Birnendicksaft oder Zuckerrübensirup

½ TL Zimt (nicht regional)

1 mittelgroßer geriebener Apfel oder 110 g Apfelmark

Trester von 1 l Pflanzenmilch

75 g Kerne, Nüsse oder Samen nach Belieben gemischt

100 g getrocknete Früchte, z. B. Aprikosen, Rosinen

Ggf. 1-2 EL Milch, wenn der Trester besonders trocken ist

250 g Haferflocken, Großblatt

- Öl, Zucker, Vanillezucker, Apfel-/Birnendicksaft oder Zuckerrübensirup, Zimt, geriebenen Apfel bzw. Apfelmark und Trester in einem Topf auf niedriger Stufe unter Rühren erwärmen, bis sich alles verbunden hat.
- Kerne und Nüsse, getrocknete Früchte und dazugeben.
- Nach und nach die Haferflocken dazugeben und unterrühren.
- Backblech mit Dauerbackmatte auslegen.
- Die Masse auf einer Backblech-Hälfte verteilen. Dabei gut mit einer Gabel oder einem Tortenheber andrücken.
- 10–15 Minuten bei 160 °C Umluft/Heißluft oder 180 °C Ober-/Unterhitze goldbraun backen.
- Noch heiß vorsichtig in Stücke schneiden, denn beim Abkühlen wird die Masse weiter fest und zerbröselt dann leichter beim Schneiden.

*Glutenfrei bei Verwendung von glutenfreiem Hafer und glutenfreiem Trester
** Sojafrei bei Verwendung von sojafreiem Trester (also *kein* Okara verwenden!)

WEITERE LECKEREIEN

Die Welt der veganen Milchprodukte geht weit über Milch und Joghurt hinaus. Richtig fermentierter veganer Käse ist leider etwas komplizierter und verdient ein eigenes Buch – aber wie wäre es mit den folgenden Leckereien?

KONDENSMILCH

Glutenfrei, sojafrei, nussfrei
(je nach Zutatenauswahl)

....

400 ml selbstgemachte
Pflanzenmilch nach Belieben,
am besten mit nur der Hälfte
an Wasser zubereitet, damit sie
bereits schön dick ist

....

100–150 g Zucker

....

◌ Die Pflanzenmilch mit dem Zucker in einem Topf aufkochen. Bei *offenem* Deckel auf niedriger Stufe 1–1,5 Stunden lang auf ungefähr die Hälfte des Volumens reduzieren. Dabei immer mal umrühren.

◌ Die Kondensmilch wird zunehmend zähflüssiger und bekommt je nach Milchbasis eine leicht gelbliche, manchmal sogar leicht bräunliche Farbe. Das ist normal und kein Grund zur Sorge.

Gut zu wissen

◌ Wie lange die Reduktion dauert, hängt vom Herd und der Größe des Topfes ab. Je größer der Topf, desto schneller geht es, weil mehr Oberfläche zum Verdunsten da ist.

◌ Wenn die Kondensmilch zu lange auf dem Herd bleibt, kann sie sich karamellbraun färben. Solange sie nur karamellisiert, aber nicht verbrannt ist, ist das kein Problem. In diesem Fall ist zu viel Flüssigkeit verdunstet, sodass die Temperatur so stark ansteigen konnte, dass der Zucker karamellisiert. Daraus kann eine sehr leckere Karamellsauce gemacht werden. Einfach etwas Milch dazu gießen und gegebenenfalls noch mal reduzieren, bis eine saucenartige Konsistenz erreicht ist. Die Karamellsoße macht sich wunderbar auf Pfannkuchen, als Brotaufstrich oder im Eisbecher.

UNBEDINGT MAL AUSPROBIEREN

Kennst du schon **vietnamesischen Kaffee**? Der wird mit einem Tassenfilter namens Phin zubereitet. Dabei erst ungefähr ein Fingerbreit Kondensmilch in ein Glas geben, auf das die mit ungefähr zwei Esslöffeln gemahlenem Kaffee aus Vietnam gefüllte Phin gestellt wird. Den Kaffee erst mit einem guten Schuss heißem, nicht mehr kochendem Wasser befeuchten, eine halbe Minute warten, mit heißem Wasser aufgießen und zuschauen, wie aus der Phin Kaffee auf die Kondensmilch im Glas tropft. Dann umrühren und genießen!

HORCHATA SIN ARROZ

Der Ursprung von Horchata wird in Spanien vermutet, aber mittlerweile gehören verschiedene Horcha-ta-Versionen nicht nur in Spanien, sondern auch in Lateinamerika zur Tradition.

Glutenfrei, sojafrei

100 g getrocknete Hirse

80 g geröstete Haselnüsse

1 l Wasser

30 g Zucker

10 g Vanillezucker (leider nicht regional)

1 ½ TL Zimt (leider nicht regional)

Inspiriert vom Rezept Horchata de Arroz Vegana vom Blog Danza de Fogones.[41] Dieses süße Getränk erinnert an Zimtsterne und hat ein ganz großes Suchtpotential.

- Die ungekochte Hirse und die Haselnüsse mit dem Wasser im Mixer 30–60 Sekunden auf höchster Stufe mixen.
- Die Mixtur mindestens 3 Stunden bei Zimmertemperatur oder über Nacht im Kühlschrank stehen lassen.
- Durch Nussmilchbeutel oder Passiertuch absieben. Hier kein feinmaschiges Sieb verwenden.
- Zucker, Vanillezucker und Zimt dazugeben und noch mal kurz auf höchster Stufe mixen, bis alles sich gut vermischt hat.
- Gut gekühlt servieren. Vorher dem Servieren einmal gut umrühren oder schütteln.
- Hält sich im Kühlschrank bis zu 5 Tage.

Gut zu wissen

- Horchata sind süße Milchdrinks auf Basis von Getreide wie Reis oder Nüssen wie der Erdmandel. Sie sind oft komplett vegan, aber manchmal enthalten sie auch tierische Milch.
- Es gibt viele traditionelle Versionen dieses recht süßen Milchgetränks – aber diese ist keine davon! Es ist meine definitiv *nicht* authentische Interpretation mit (hauptsächlich) regionalen Zutaten.

VEGANER QUARK

Dieses Rezept ist nur mit Sojajoghurt (Seite 94) möglich.

Glutenfrei, nussfrei

500–600 g Sojajoghurt

Sonstiges Equipment

Großes Sieb

Passiertuch

↩ Ein großes, ruhig auch grobmaschiges Sieb in eine Rührschüssel oder einen Topf hängen und mit dem Passiertuch auslegen.

↩ Den Sojajoghurt ins Tuch geben und im Kühlschrank 12 bis 48 Stunden abtropfen lassen. Je länger der Joghurt abtropft, desto fester der Quark.

↩ Den Quark in ein sauberes, am besten vorher sterilisiertes Gefäß füllen und im Kühlschrank aufbewahren. Innerhalb von 5–7 Tagen aufbrauchen. Die Gläser entweder mit kochendem Wasser sterilisieren oder Gläser frisch aus der Spülmaschine verwenden.

↩ Die Flüssigkeit, die sich in der Rührschüssel oder dem Topf gesammelt hat, nicht wegwerfen! Das ist gesunde Molke, die noch Smoothies, Dressings, Kuchen-, Brot- oder Pfannkuchenteige verfeinern kann.

Gut zu wissen

↩ Leider funktioniert das Rezept nur mit Sojajoghurt, weil die anderen Joghurtsorten bei der Herstellung mit Verdickungsmittel eingedickt wurden (bei den Rezepten in diesem Buch mit Kartoffel- oder Maisstärke) und dadurch keine Molke abtropfen kann.

GRUNDREZEPT: SAHNE ZUM KOCHEN

Schnell, einfach, lecker.

Option 1:
Aus Nüssen oder Kernen

40–50 g Nüsse oder Kerne
(Empfehlung: Kürbiskerne oder
Sonnenblumenkerne)

200 ml Wasser

1 Prise Salz

Optional: 1 Messerspitze
Lecithin

Option 2:
**Aus fertiger Soja- oder
Hafermilch**

200 ml selbstgemachte Sojamilch (Seite 52) oder fermentierte Hafermilch (Seite 64)

Optional: 20 g Sonnenblu-
men- oder Kürbiskerne für eine
cremigere, vollere Konsistenz

15 ml (1 EL) Sonnenblumenöl

1 Prise Salz

Bei Hafermilch empfohlen,
aber optional: 1 Messerspitze
Lecithin

☙ Alle Zutaten im Mixer auf höchster Stufe für 30–60 Sekunden mixen.

☙ Absieben ist optional. Die Sahne ist ohne Absieben cremiger und bei einem leistungsstärkeren Mixer fallen die kleinen festen Bestandteile im Essen später nicht auf.

☙ Hält sich bis zu 5 Tage im Kühlschrank, aber am besten direkt verbrauchen.

Gut zu wissen

☙ Du kannst bei Option 2 auch deine Milch-Eigenkreationen als Basis für die Kochsahne verwenden. Achte darauf, dass die Milch cremig ist. Getreidemilch ist generell etwas wässriger, weil Getreide wenig Eiweiß und Fett enthält. Du kannst deine Sahnealternative durch die Zugabe von mehr Milchbasis und zusätzlich Nüssen oder Kernen cremiger gestalten.

☙ **Meine Empfehlung:** Einen Teelöffel Hefeflocken mit in den Mixer geben, um das Kochergebnis zu verfeinern.

☙ Kochsahne ist so schnell gemacht, dass es sich kaum lohnt, sie auf Vorrat zu machen. Aber es ist durchaus möglich, sie auf Vorrat einzukochen.

VEGANE (CHILI-) MAYONNAISE ODER AIOLI

Anders als bei gängigen Rezepten für vegane Mayo kannst du hier nicht nur Sojamilch, sondern jede vegane Milch nehmen.

Sojafrei, nussfrei, glutenfrei

120 ml vegane Milch deiner Wahl

100 ml Sonnenblumenöl

1 gekochte, kleine bis mittelgroße mehlig kochende Kartoffel

1 EL Apfelessig

1 TL milder Senf

1/2 TL Salz

Optional: 1 TL Zucker oder anderes Süßungsmittel (nur, wenn die verwendete Milch nicht bereits süßlich schmeckt)

Variationen

Aioli: zusätzlich 1 große Knoblauchzehe und Pfeffer nach Geschmack

Chili-Mayo: Zusätzlich scharfen statt milden Senfs oder statt Senf ½ TL Senfkörner verwenden (dafür ist aber ein guter Mixer nötig, der sie kleinbekommt), außerdem ½ TL Chili-Pulver, frische Chilischoten oder deine Lieblings-Chilisoße dazugeben, ggf. später noch etwas mehr, wenn mehr Schärfe gewünscht ist

Die meisten Rezepte für vegane Mayo sind nur mit Sojamilch möglich, weil Mayo eine Emulsion ist und Sojamilch die einzige pflanzliche Milch ist, die natürlicherweise genug natürliche Emulgatoren (Lecithin) enthält. Das umgehen wir hier durch die Verwendung der gekochten Kartoffel.

- Milch deiner Wahl mit der Hälfte Sonnenblumenöl im Mixer auf höchster Stufe für 30–60 Sekunden mixen.
- Nach und nach das restliche Öl dazugeben und im Anschluss weitere 15 Sekunden mixen.
- Die restlichen Zutaten dazugeben und weitere 30 Sekunden mixen.
- Abschmecken und weitere 10 Sekunden auf mittlerer Stufe mixen.

Gut zu wissen

- Die Konsistenz kann je nach verwendeter Milchsorte, Kartoffelsorte und Senf abweichen. Wenn sie zu dünnflüssig ist, mehr Kartoffel dazugeben und nochmals gut durchmixen. Wenn sie zu dickflüssig ist, etwas Milch dazugeben und noch mal gut durchmixen.

WICHTIG

Die Kartoffel – außer, du nutzt Sojamilch – nicht weglassen. Denn die sorgt dafür, dass auch ohne die Zugabe von weiteren Emulgatoren (die natürlicherweise in Sojamilch, aber auch im Senf und im Sonnenblumenöl enthalten sind) die Zutaten sich gut verbinden und eine cremige statt flüssige Konsistenz ergeben.

#MACHSNACHHALTIG-INFOS

Die nützliche Übersicht aller Milchrezepte hilft dir, die richtige Milchsorte für den richtigen Zweck und die passende Ernährungsform auszuwählen. Außerdem findest du hier weitere Infos, alle Quellen und das Register, zum schnellen Nachschlagen.

Übersicht aller Milchrezepte im Vergleich

Seite	Level	Milchsorte	Glutenfrei (möglich)	Sojafrei	Nussfrei	Enzymzugabe
44	1 –Azubi	Einfache Hafermilch	✓	✓	✓	✗
44	1 –Azubi	Hanfsamenmilch	✓	✓	✓	✗
44	1 – Azubi	Kürbiskernmilch	✓	✓	✓	✗
44	1 – Azubi	Sonnenblumenkernmilch	✓	✓	✓	✗
44	1 – Azubi	Walnussmilch	✓	✓	✗	✗
44	1 – Azubi	Nussmixmilch	✓	✓	✗	✗
48	1 – Azubi	Haselnussmilch statt Mandelmilch	✓	✓	✗	✗
52	2 – Profi	Sojamilch	✓	✗	✓	✗
56	2 – Profi	Sonnenblumenkern-Hafermilch	✓	✓	✓	✗
58	2 – Profi	Barista-Milch aus Soja, Haselnuss und Hafer	✓	✗	✗	✗
62	2 – Profi	Buchweizenmilch	✓	✓	✗	✓
64	2 – Profi	Hafermilch wie gekauft	✓	✓	✓	✓
64	2 – Profi	Hafermilch mit Backmalz	✓	✓	✓	(✓)*
66	2 – Profi	Hirsemilch statt Reismilch	✓	✓	✓	✓
68	2 – Profi	Barista-Milch aus Hafer und Dinkel	✗	✓	✓	✓
70	2 – Profi	Barista-Milch aus Hafer und Soja	✓	✗	✓	✓
80	3 – Legend	Barista-Milch aus Haselnuss und Hafer	✓	✓	✗	✗
82	3 – Legend	Barista-Milch aus Sonnenblumenkernen und Hafer	✓	✓	✓	✗
84	3 – Legend	Barista-Milch aus Hafer wie gekauft	✓	✓	✓	✓
86	3 – Legend	Barista-Milch aus Hafer und Sonnenblumenkernen	✓	✓	✓	✓

* Enzymzugabe durch enzymaktives Backmalz statt Enzymlösung

Lecithin-zugabe	Kaffee	Auf-schäumbar	Backen	Müsli	Als Koch-sahne	Anmerkungen
✕	✕	✕	★★★★★	★★	✕	
✕	✕	✕	★★★★★	★★★	★	Konsistenz etwas dünner, nicht so cremig; der etwas würzige Eigengeschmack passt etwas besser zu Deftigem
✕	✕	✕	★★★	★★★	★★★★★	Eigengeschmack passt sehr gut zu deftigen Speisen, Farbe etwas grünlich
✕	✕	★★	★★★★	★★★	★★★	Passt geschmacklich gut zu deftigen Speisen, trennt sich allerdings sehr schnell
✕	★	✕	★★★★★	★★★★★	★★★★	Trennt sich im Kaffee schnell und schmeckt nicht mit jeder Kaffeebohne
✕	✕	✕	★★★★★	★★★★★	★★★★	
✕	★★★★	★★★	★★★★★	★★★★★	★★★★	
✕	★★★★	★★★★	★★★★★	★★★★	★★★★★	Ein sehr guter Allrounder, allerdings mögen nicht alle den Eigengeschmack
✕	★★	★★	★★★★★	★★★★	★★★★	Flockt nicht aus, es setzt sich unten aber eine hellere Schicht mit der Zeit ab.
✕	★★★★	★★★★	★★★★★	★★★★★	★★★★	
✕	★★	★★★	★★★★★	★★★★★	★★	Dickt ohne Einsatz von Enzymen nur leicht ein, lässt sich leicht schäumen
✕	★★★	✕	★★★★★	★★★★★	★★★★★	Verhält sich wie gekaufte Hafermilch
✕	★★★	✕	★★★★★	★★★★★	★★★★	Schmeckt durch das Backmalz getreidiger, etwas karamellig-malzig
✕	★	✕	★★★★★	★★★★	✕	Zurückhaltend im Geschmack
✕	★★★	★★★★	★★★★★	★★★★★	★★★★	Man muss den leichten Dinkel-Eigengeschmack im Kaffee mögen
✕	★★★★	★★★★	★★★★★	★★★	★★★★★	
✓	★★★★★	★★★★★	★★★★★	★★★★★	★★★★	Unsere Lieblings-Barista-Version
✓	★★★★	★★★★★	★★★★★	★★★★	★★★★★	Schmeckt neutraler als reine Sonnenblumen-kernmilch
✓	★★★★★	★★★★★	★★★★★	★★★★★	★★★★★	
✓	★★★★★	★★★★★	★★★★★	★★★★★	★★★★★	Schmeckt im Kaffee etwas neutraler als reine Barista Hafermilch

Register

Im Netz

 www.ardmediathek.de/sendung/shia-su-for-future/Y3JpZDovL3dkci5kZS9zaGlhc3U
Autorin Shia Sus WDR Dokureihe *Shia Su for Future* in der ARD Mediathek.

 www.wastelandrebel.de
Blog der Autorin Shia Su rund um Zero Waste und Klimaschutz mit vielen Hintergründen, Tipps und DIY-Rezepten.

 www.instagram.com/_wastelandrebel_/
Instagram-Seite der Autorin.

 www.cakeinvasion.de/
Food-Blog der Autorin Shia Su mit zahlreichen veganen Backrezepten und Tipps.

Über die Autorin

Shia Su ist Nachhaltigkeitsjournalistin im Radio und TV und heute vor allem für ihre Zero-Waste-Tipps bekannt. Schon länger vegan lebende Menschen kennen sie aber oft noch als Krümelmonster hinter dem Food-Blog Cake Invasion. Das Besondere an den von Shia entwickelten Rezepten? Sie sind immer erprobt, anfänger:innenfreundlich beschrieben, verwenden gut erhältliche Zutaten und kommen ohne Palmöl und tierische Komponenten aus. Seit über 12 Jahren schon macht sie vegane Milch selbst.

Zum Weiterlesen

Su, Shia: Zero Waste – **Weniger Müll ist das neue Grün**, Freya-Verlag 2019

Hermann, Inés/Su, Shia: **Zero Waste Upcycling**, Verlag Eugen Ulmer 2023

Dank

Endnoten

Ich möchte mich herzlich bei meiner Projektlektorin Jenny für die immer kreative, kooperative, konstruktive und beeindruckend gut organisierte Zusammenarbeit, bei Milo und dem auf Specialty Coffee spezialisiertem Café Cøffe für die tatkräftige Unterstützung beim Testen und der Weiterentwicklung der Barista-Milchversionen und bei meinem Partner Hanno für den vollen Einsatz beim nicht enden wollenden Saubermachen der Küche, das aktive Rückenfreihalten, Rückenstärken und zusammen Rückenschmerzen Wegtrainieren bedanken.

Die Quellen zu den Fußnoten im Text und die Übersicht aller Milchsorten im Vergleich zum Ausdrucken findest du unter www.ulmer.de/milch-ohne-muh und dem QR-Code.

Bildquellen

Das Foto auf Seite 10 stammt von **IMAGO / Wirestock**, das Foto auf Seite 55 von **IMAGO / imagebroker / SonjaxJordan**. Das Coverfoto und alle weiteren Fotos stammen von **Shia Su**. Alle Icons stammen von **thenounproject**. Die Zeichnung auf Seite 29 stammt von **Helmuth Flubacher** (nach Vorlage der Autorin bzw. Ourworldindata), alle weiteren Zeichnungen stammen von **Susanne Dinkel**.

Impressum

Anmerkung zur Schreibweise (Gendering): Gendergerechtigkeit und Inklusion sind bei uns gelebte Praxis – bei der Auswahl unserer Themen, bei der Recherchearbeit, in der Gestaltung. Unsere Texte meinen alle.

Bibliografische Information der Deutschen Nationalbibliothek
Die Deutsche Nationalbibliothek verzeichnet diese Publikation in der Deutschen Nationalbibliografie; detaillierte bibliografische Daten sind im Internet über http://dnb.d-nb.de abrufbar.

© 2024 Eugen Ulmer KG
Wollgrasweg 41, 70599 Stuttgart (Hohenheim)
E-Mail: info@ulmer.de
Internet: www.ulmer.de
Konzept und Projektleitung: Jennifer Zajonz
Lektorat: Claudia Boss-Teichmann
Herstellung: Stephanie Haun
Umschlag- und Reihengestaltung: Michaela Mayländer, Stuttgart, www.sistermic.de
Satz: Marion Schreiber, www.marionschreiber.de
Reproduktion: time:ray, Jettingen
Druck und Bindung: Pustet, Regensburg
Printed in Germany

ISBN 978-3-8186-2085-1